평범함을 비범함으로 바꾼 리더들이 선택한
5가지 단어, 98가지 일기

리더의 일기

김명희 김민주 김선정 박지영 서은주 송태순 신임선 유선주
유수진 윤향옥 이상희 이선정 이숙현 이정숙 임윤진 장윤진
조경미 조현주 최경순 최영혜 최지나 최지수 함윤희

대|경|북|스

리더의 일기

1판 1쇄 인쇄 2023년 3월 20일
1판 1쇄 발행 2023년 3월 24일

발행인 김영대
편집디자인 임나영
펴낸 곳 대경북스
등록번호 제 1-1003호
주소 서울시 강동구 천중로42길 45(길동 379-15) 2F
전화 (02)485-1988, 485-2586~87
팩스 (02)485-1488
홈페이지 http://www.dkbooks.co.kr
e-mail dkbooks@chol.com

ISBN 978-89-5676-949-3

들어가는 글

글쓰기는 옳습니다

'나의 인생에서 글쓰기란 어떤 의미일까?'

질문해 보는 아침이다.

성인이 되어 사회생활을 하면서부터 더욱 더 많은 글을 썼다. 1시간 전에 출근해서 아무도 없는 사무실에서 글을 적었다. 부자가 되는 꿈도 적어보고 가치롭게 살아가기 위한 비전도 적어 보았다. 붓글씨도 배우고 테니스도 배우는 등 직장생활 이외의 삶에 대해서 미리 글로 적어보고 상상해 보는 것들을 종이 위에 기록하였다. 훗날 퇴직한다고 짐을 챙길 때 한 박스에 가득 찬 글 노트를 가지고 왔던 기억이 난다.

36년이 지난 어제, 며느리가 일찍 출근하여 도서관에서 책을 읽고 공부했다는 이야기에 소름이 돋았다. '후대에까지 영향을 미치는 것이 글쓰기구나!'

나에게 글쓰기란 '삶 쓰기'였다. 놓치고 싶지 않은 나의 꿈 나의 인생을 담는 시간이었다.

공저 모임을 만들게 된 계기는 좋은 것은 나누자는 네트워크의 힘을 널리 알리고 싶었기 때문이다. 제주도에서 칠곡에서 서울에서 대구에서 다양한 연령의 다양한 직업의 인연들과 함께 공저 모임 '동네방네 빨간 머리 앤 2'를 만들었다. 나의 좋은 경험을 널리 펼치고 싶었다.

부자의 마인드 협업을 실행하고 있구나!

우리는 곧 부자가 될 것이다!

글을 쓰고 협업하는 우리는 계속해서 성장하여

집단지성의 힘을 만들고 있구나!

글쓰기는 옳은 일이다!

글을 쓰며 내 생각은 더 성장하고 있었다.

'처음은 어렵고 중간은 혼란스럽고 끝은 아름답다'는 말을 좋아한다.

어려운 책 쓰기 시작하였으니 두 번째도 세 번째도 함께 책 쓰자고 말하고 싶다.

글 쓰는 과정 속에서 깨닫고 배우는 것이 무궁무진할 것이다. 이유불문하고 열 권은 무조건 같이 써보자고 할 것이다. 글쓰기 경험은 최고의 힘이 될 것이니까.

독자 여러분,

함께 치유되고 성장하는 최고의 지름길이 책 출간이라 말하고 싶습니다. 이제 우리 모두 글쓰기 해요. 혼자는 힘들지만 협업하면 쉽게 할 수 있으니까요. 이 책이 여러분에게 어떤 말을 걸어오는지 잘 읽어 주시길 바랍니다.

글쓰기는 옳습니다.
함께 글쓰기 또한 옳습니다.

동네방네 빨간 머리 앤
이정숙

차례

Chapter 1. 심장이 하는 말 : 인정

Chapter 2. 자신의 생을 받아들인 : 엄마

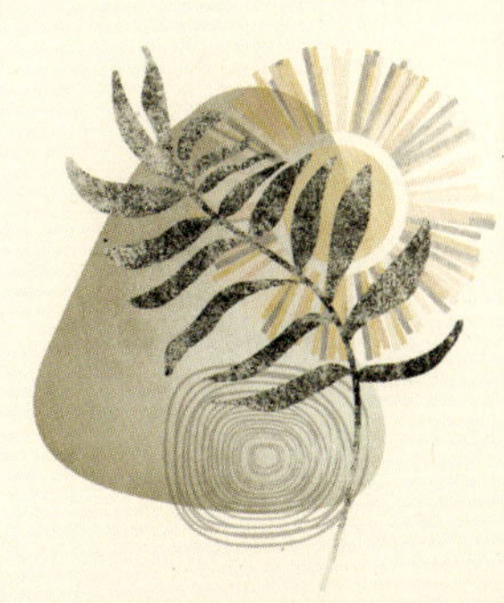

Chapter 3. 지금 이 순간, 나는 나에게 : 경청

Chapter 4. 詩 : 경외감

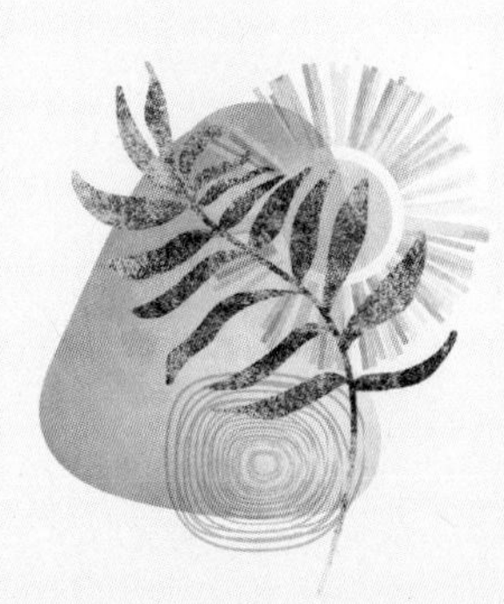

Chapter 5. 모든 순간 : 글쓰기

Chapter 1_

심장이 하는 말 : 인정

버리고 비우는 일은 결코 소극적인 삶이 아니라 지혜로운 삶의 선택이다.

버리고 비우지 않고는 새것이 들어설 수 없다.

\- 법정 -

단순한 사람에게는 세상이 그의 왕국이요, 현재가 영원이다.

남에게 어떻게 보일지 마음을 쓰지 않기 때문에 거리낌이 없다.

단순함은 현자들의 미덕이요, 성인들의 지혜다.

\- 마티유 리카르 -

나의 생각과 감정을 관찰하고 알아차리고 흘려보내기, 그래서 단순한 사람이 된다는 것은 시간과 노력이 필요한 일입니다. 그것도 아주 많이요. 전혀 예측하지 못했던 나의 어두운 모습들이 불쑥불쑥 튀어나올 때마다 머리카락을 쥐어뜯게 되기도 하지요. '역시 나는 틀렸어'라는 결론에 다다르는 건 어렵지 않습니다.

어떻게 하면 좋을까요?

확실히 그렇다고 여기다.

'인정하다'의 뜻입니다. 누군가가 이루어 놓은 결과, 결과를 이루어 가는 과정, 또는 존재 자체를 인정해 주기 위해서는 의욕을 북돋아 주는 '격려'와 굳센 기운인 '용기'가 필요합니다. '격려'의 영단어 encouragement와 '용기'의 영단어 courage는 '심장'을 나타내는 cor에서 유래되었다고 해요. 격려와 용기로 상대방을 인정해 주는 행위는 심장 즉, 진심이 필요하다는 의미가 아닐까 합니다.

나를 진심으로 대해 주는 것.

이것이 바로 비움의 미학으로 단순한 사람이 되기 위한 전제 조건이 되겠네요. 그래서 나를 인정해 주는 글을 써 보았습니다. 생존 전략과 방어 기제로 어쩔 수 없이 선택하게 된 내 성격을 있는 그대로 바라봐 주고, 지금까지 잘 살아낸 나의 시간을 인정해 주었습니다.

나를 인정해 줄 수 있어야 내가 만나는 소중한 사람들도 인정해 줄 수 있는 리더가 될 수 있겠지요. 삶으로 잘 살아내어 삶으로 가르치기 위한 리더의 일기, 출발합니다.

01

김민주

성실하게 : 바다의 잔잔함

“너 아직도 거기서 일해? 안 잘렸어?”

거의 3년 만에 연락 온 친구의 첫 질문이다.

“그럼, 당연하지. 나 알면서………”

나를 생각하면 떠오르는 단어가 ‘역시’라고 말하는 친구가 그럴 줄 알았다고 말한다. 수업 끝나기 5분 전. 여기저기서 책상 정리하는 소리가 시끄럽다.

“얘들아, 좀 조용히 해라. 공부하는 후배들이 있는데 선배가 이렇게 떠들면 되겠나?” 선생님 이야기에 선배들은 일동 차렷 자세로 멈칫 했다.

중학교 3학년, 실업계 고등학교 입학을 앞두고 있던 방학기간 동안 나는 자격증을 따기 위해 학원을 다녔다. 집안 형편이 넉넉하지 않아서 급수별로 과목(주산 3급부터 1급, 부기 3급부터 1급)을 따로 수강할 수 없어서 선생님께 부탁을 드렸다. 학원 청소나 잔심부름을 할 테니 급수별로 돈을 내지 않고 배우고 싶다고 말씀드렸고 선생님은 그럼 힘들 텐데 하시면서도 흔쾌히 응해 주셨다. 지금 생각해 보니 어디서 그런 용기가 났는지 모르겠다.

돈이 모자라 악착같이 공부해서 최대한 빠른 시간에 자격증을 취득해야 했던 나는 수업시간이 늘 부족했다. 이런 나에게 선배들의 따가운 눈초리는 약긴의 불편함일 뿐, 나는 언제나 그 날 내가 공부해야 할 분량을 끝까지 채우고 학원을 나섰다.

'얼른 자격증 따서 그만두면 되니까 선배들 눈초리 정도는 견뎌야 해.' 스스로에게 주문을 걸면서 학원 문이 열리는 시간부터 닫히는 시간까지 나는 내가 할 일에 집중했다.

농사를 짓는 부모님의 출근 시간은 캄캄한 새벽이었다. 한 겨울 땅이 얼어 있는 시간을 제외하고는 내 기억 속 부모님은 날이 밝아서 눈을 뜨면 보이지 않았다. 매일 새벽 정해진 시간에 어둠을 뚫고 일터로 향하는 부모님을 보면서, 농사일에 집중하느라 아니, 우리 삼남매를 가난하게 키우지 않기 위해 일하시느라 딸의 초등학교 졸업식에도 오지 못했던 그때의 서운함이 아직 기억이 난다.

부모님을 닮아 내가 하는 일에 집중하는 나를 보면 흐뭇한 미소가 지어진다. 어떤 일이든지 성실히 꾸준하게 해야만 남에게 피해를 주지 않는다고 생각하면서, 지금까지 나를 잘 돌보지 못하고 때로는 다그치면서 살았다.

매일 새벽 일터로 향하는 부모님을 존경하지만, 함께 하는 시간이 부족할 때 서운함도 있었고. 하지만 덕분에 지금 나는 아이에게 충분한 사랑을 줄 수 있는 지혜로운 엄마가 되었다.

서운함을 뒤로 하고 불편해도 너의 선택에 집중하며 살아 온 민주야.

지금까지 잘 살아왔고 앞으로는 웃는 일만 있을 거야.

김민주. 넌 뭐든지 다 할 수 있는 멋진 사람이야!

부지런히 성실하게 살아온 내 삶에 바다의 잔잔함을 선물하고 싶다.

오늘 일기로 '행복한 여유'를 선물 받았다.

02

이정숙

삶의 기술을 실행하고 나누다 : 충분히 수고하였네

"다음에는 어떤 것을 나누어 주실 건지요? 새로운 무언가를 또 안내해 주실 거잖아요." 소통이 잘 되는 후배 리더가 말했다.

"이번에는 생과일과 생야채로도 한 끼 식사가 되는 비법을 나눔 하려고요. 제가 먼저 실천해 봤더니 몸이 가벼워졌어요. 같이 하면 좋겠어요. 시간 내서 음식피정 꼭 같이 가요." 나는 내가 해 보고 좋거나 유익한 방법이 있다면 언제든지 사람들에게 나누었다.

어릴 적 생각이 난다. 친구의 숙제를 도와주고 나면 제사 지내고 난 찰떡을 선물 받았다. 먹고 싶은 마음을 참고 동생에게 찰떡을 나누어 줄 때 흐뭇했던 것처럼, 소중한 사람들과 함께 성장하고 변화할 생각에 가슴이 벅찼다.

새로운 변화를 자주 시도하던 어느 날, 이런 말도 듣게 되었다.

"따라 갈려니 가랑이 찢어지겠어요. 이제 그만 할래요." 힘이 쭉 빠졌다.

“그래요. 좀 쉬었다가 다시 할 수 있을 때 해요.”라고 답하면서 그들과 내가 성장할 수 있는 일이라면 또 다른 것을 시도하는 나를 보게 되었다. 함께 하는 후배들과 다양한 경험을 하면서 깨달았다.

‘나는 개척가 정신이 많구나.’

어떤 일을 시작할 때 부모님께 여쭈어보면, 이런 말씀을 많이 하셨다.

“나는 모른데이. 니가 알아서 해라.”

“니가 선택한 것인데 오죽 잘 했겠냐? 나는 니를 믿는데이.”

부모님께서 믿어주시니 어떤 일이든 거뜬히 시작할 수 있었고 잘 할 수 있었다.

뭔가를 하나씩 알아가고 실행하면서 함께 한다는 것이 쉽거나 간단하지만은 않았다. 하지만 늘 책을 읽고 강의를 들으며 삶의 기술들을 배워나가는 일을 소홀히 하지 않았다. 이런 나에게 말해 주고 싶다.

‘그래 잘 해 왔어. 충분히 수고하였네.’

올해 결혼한 아들 며느리가 우리에게 이렇게 말했다.

“아버님, 어머님처럼 잘 살게요.”

내 인생, 잘 살아 왔음을 인정할 수 있었다.

개척가 정신의 소유자, 정숙에게 박수를 보낸다.

03

서은주

기대 : 잘 왔으니까

"역시."

책임감이 강하고 신의를 중요하게 여기는 성격 덕분에 주변에서 이런 이야기를 많이 듣는다. 내가 보는 나는 전혀 치밀하지 않다. 그런데 사람들은 나를 완벽주의자로 평가하기도 한다.

아이들이 물건을 찾을 때 잔소리가 쏟아진다.

"쓰고 나서 제자리에 두면 이런 일이 없잖아. 얼마나 시간 낭비하는 거니?"

아이들의 모습이 나를 보는 것 같으면서도 엄마의 역할을 하면서는 나만큼은 완벽한 듯 아이들을 대한다. 게으른 완벽주의자, 요령 없는 깔끔이가 나다.

그래도 나는 아이들에게 또 나와 함께 하는 사람들에게 믿음 가는 사람, 진심으로 사는 사람, 마음으로 지켜주는 사람이 되고 싶다. 때로는 시간이 걸려야 나에 대해 제대로 파악할 수 있지만, 난 나의 진심과 중심을 믿기에 흔들리지 않을 수 있다. 그런 나의 중심이 감사하고 귀하다.

잘 견뎌왔다.
아니 잘 익어왔고 잘 성장하였다.
앞으로 더 가속도를 내며 거듭날 나의 성장이 너무나 기대된다.

04

최지나

나 ENFP야 : 다채롭게 빛나는 나의 인생

"힘이 없는 최지나라니. 야, 말만 들어도 이상하다."

오늘 기운 없는 하루를 보냈다고 말하는 나에게 친구가 건넨 말이었다. 친구들과 함께 있으면 언제나 에너지 넘치는 나였기에 그날은 누가 봐도 이상했을 만하다.

친구들이 간혹 나에게 이야기하곤 한다.

"옷만 봐도 네 MBTI 알 것 같아."

"이런 옷은 어디서 샀어?"

빨주노초파남보가 다 섞여 있는 형형색색 패턴의 티셔츠, 왠지 모르게 해외에서 구매했을 것 같은 옷. 엄마 표현에 의하면 나는 '정신 시끄러운 옷'을 좋아한다.

그래 맞아. 나 ENFP야.

골든 리트리버(골드와 크림색이 있으며 구불거리며 단색인 털이 수수한 아름다움이 있는 개의 종류)를 사람으로 바꾸면 ENFP라고 말할 정도로 발랄하고 활동적인 성격인 사람. 새로운 것과 사람들에게 관심이 많은 외향적 직관형인 그런 사람.

그런데 과유불급이라 했던가. 에너지 넘치는 나는 가끔 사람들과 이야기를 나눌 때 너무 신이 난 나머지 말을 불필요하게 할 때가 있다. 그리고 그런 날은 꼭 집에 돌아와서 후회를 한다.

'아, 그 말은 하지 말 걸 그랬나? 너무 혼자만 신나서 얘기하는 게 부담스럽진 않았을까?'

하지만 나를 만나고 집에 돌아간 친구는 신이 난 나 덕분에 에너지를 얻었다고 한다. 다행이다. 그 말을 들은 나는 안도의 한숨을 내쉰다. 그래도 잠자리에 들기 전 다짐을 해본다. 최지나, 다음엔 꼭 적당히 하자. 알았지?

밝게 웃는 모습이 가장 나답다고 생각하며 살아왔다. 하지만 하늘에 먹구름이 가득 차듯이 가끔 내 마음도 회색빛이 된다. 그럴 때면 '나는 왜 이럴까?' 자책을 하기도 하지만 그 조차도 내 모습 중 하나인 걸 잊지 않았으면 좋겠다. 그 모습 그대로도 괜찮다는 걸 기억하자.

영화나 드라마에서도 입체적인 사람이 주인공이 되는 게 더 재미있으니까. 다채롭게 빛나는 나의 인생을 응원하련다.

05

이선정

내려놓기 : 나의 행복을 위해

"네가 알아봐. 어딜 가든 너 하자는 대로 할게."

동갑내기 친구들이 부부동반으로 여행을 갈 때마다 내게 하는 말이다. 숙소에서부터 맛집, 볼거리, 즐길 거리를 다 알아보고 꼼꼼하게 계획하는 내 성격을 믿고 친구들은 모든 것을 내게 맡긴다.

어느 날 여행가는 차 안, 남편은 운전 중이고 나는 조수석에 앉아 점심식사 장소를 검색하다가 친구들에게 말했다.

"근처에 점심 먹을 식당 좀 검색해서 알아봐."

"나는 검색 잘 못해.", "나는 잘 몰라."라며 친구들은 아예 알아볼 생각을 하지 않았다.

"그럼 애들한테 연락해서 맛집 있나 좀 알아봐." 차선책을 전하는 내 말에 대꾸가 없는 친구들을 보며 답답한 마음이 들기도 했다. 우여곡절 끝에 겨우 한곳을 검색해서 식당을 찾아가 점심식사를 마쳤다. 이런 일이 자주 반복되긴 하지만 내가 여행 계획을 세워 다녀오면 그들이 즐거워하고 좋아하는 모습에 뿌듯한 마음이 크다.

때로는 꼼꼼하고 매사에 계획적인 나의 라이프 스타일로 인해 다른 사람에게 불편함을 주고 있지는 않은지 생각해본다. 어릴 적, 꼼꼼하다는 말을 많이 듣고 자랐다. 학창 시절에는 정리를 잘한다고 선생님들께서 서기를 많이 맡기셨고 모임이 결성되면 총무를 자청하기도 했다. 스스로가 인정받고 싶어 하는 욕구가 많은 걸까?

처음엔 이런 나의 꼼꼼함이 자랑스러웠다. 하지만 시간이 갈수록 나의 성격으로 상대에게 섭섭해지는 마음이 점점 커지면서 혼란이 오기 시작했다. 내가 나를 점점 옥죄는 것 같아 가슴이 답답했다. 무엇 때문에 내가 이런 성격을 가지게 되었을까 ?

뭐든 계획을 세우고 나면 그것들을 완벽하게 해내야 마음이 놓이고 그렇게 하지 못했을 때 나 스스로에게 화가 났던 적이 있었다. 왜 그랬을까? 인정받고 싶어서일까? 다행히, 지금의 나는 남의 시선을 옛날만큼 의식하지 않는다. 내가 하고 싶으면 하고 하기 싫은 마음이 들 때는 하지 않는다.

어릴 적부터 뭐든 완벽하게 해야만 칭찬받을 수 있다고 생각했다. 그래야만 살아남을 수 있었으니까. 다섯 남매의 셋째로 태어나 맏이인 언니와 장남인 오빠, 그리고 두 명의 남동생 사이에서 살아남기 위해서는 내가 다 잘해야 한다고 생각하며 살지 않았을까? 내가 잘하는 모습을 보여야만 사람들에게 관심을 받을 수 있다고 생각하며 살았던 것 같다.

일을 하다보면 실수할 수도 있고 계획대로 되지 않을 수도 있어. 대충하면 어때? 사람들이 너를 비난하고 욕할까봐 두려운 거야? 완벽하려고 노력하지 않아도 돼. 있는 그대로의 너를 받아들여. 지금 이 모습으로도 충분하니까. 지금껏 잘 살아왔어. 완벽하지 않아도 돼. 이젠 남이 아닌 너를 봐.

나와 대화를 나누어 보았다. 고개를 끄덕이며 경청하는 내 마음을 느꼈다. 그래, 나는 열심히 잘 살아왔다. 이제, 내려놓을 건 좀 내려놓고 나의 행복에 집중하는 삶을 살아보고 싶다. 그것이 나와 타인을 위하는 길이 될 테니까.

06

조현주

따스한 카리스마 : 한다면 하는 여자

"당신은 이미 끝내기를 결정하고 시작했잖아."

《네 안에 잠든 거인을 깨워라》 책을 1년간에 걸쳐 필사를 마쳤을 때 남편이 건넨 최고의 칭찬이었다. 2021년 6월에 시작해서 2022년 5월 5일 오전 9시 45분에 끝냈다. 700페이지에 달하는 꽤나 두꺼운 책이다.

나는 책을 사서 책장에 고이 모셔 놓는 타입이 아니다. 하지만 이 책만큼은 선뜻 손이 안가고 왠지 모르게 읽고 나면 어떤 결과를 내어 놓아야만 하는 부담감이 들었다. 그래서 차일피일 미루다보니 세월이 많이 흘렀다. 이사 갈 때마다 무거운 책들을 끌어안고 다녔다. 이젠 끝내봐야지 하는 생각에 필사를 시작했다. 노트가 무려 5권이 들었다. 필사하고 다 쓴 볼펜이 열 자루가 넘는다.

나의 노력과 의지에 누군가는 박수를 보내고 누군가는 고개를 절레절레 흔들기도 한다. 한번 마음먹으면 기필코 해야 되는 성격이라 스스로 받는 스트레스도 대단하다. 또 결심한 일을 해내지 못하는 사람들을 보면 '저걸 왜 못하지?' 이해하기 힘든 부분도 있다.

남편은 이런 나의 성격을 아는지라 내가 어떤 일을 한번 시작하면 많은 것을 응원해주고 배려해 준다. 딱 한 가지, 남편에게 못마땅한 게 있다면 남편의 담배 사랑이다. 요즘은 흡연구역이 잘 없다. 그런데도 어디서 어떻게 찾는지 꼭 담배 한대를 즐기고 온다. 그런 남편에게 위협을 가해 봤다.

"자기 담배 때문에 일찍 죽으면 한 달 뒤 바로 남자친구 만들 거예요." 처음에는 남편밖에 모르는 아내의 당돌한 협박에 움찔하는 것 같더니 이젠 아예 씨알도 안 먹힌다.

금연이 그렇게 힘이 들까? 그냥 마음먹으면 바로 끊을 것 같은데 말이다. 난 입이 짧은 사람이라 먹는 것도 얼마든지 절제가 가능한데 남편은 그것이 힘든가 보다.

이런 나의 성격은 친정 엄마를 닮았다. 친정 엄마는 지금까지 50여 년 넘는 세월동안 한 번도 화가 난 표정을 짓지 않았다. 온순하고 부드러운 분이다. 엄한 시부모님을 모시고 가난한 공무원의 아내로 평생을 사셨다. 그런 엄마가 공무원의 월급으로 네 아이를 키우셨으니 얼마나 힘드셨을까 싶다.

그래서 뛰어든 일이 시골 읍내 소주 도매상이었다. 지금 생각해보면 엄마는 어떻게 그 일을 감당하셨는지 모르겠다. 남들이 모두 하대하는 일이었고 주로 남자를 상대해야 되는 일이었다. 그렇게 엄마는 1년간 장사해서 논 세마지기를 샀다. 그 논이 처음으로 가진 땅이라고 한다. 농사 한번 짓지 않았던 엄마의 마음엔 벼이삭 한 알 한 알이 얼마나 소중했으랴! 들녘을 지나가면서 "현주야, 저 논이 우리 논이다."라고 말씀하시던 엄마. 연약했지만 가정을 지켜야겠다는 책임감에 세상을 향해 당차게 박차고 나갔던 엄마의 여린 어깨가 보였다.

세월이 흘러 삶을 돌아보니 나의 거울 속에 엄마의 모습이 비친다. 엄마를 보면서 나의 나이 듦도 함께 보인다.

얼마 전 갑자기 어지러워서 병원을 전전하며 온갖 검사를 해도 원인을 찾지 못했다. 더 어지러웠다. 그런 딸이 엄마 눈에 얼마나 가엾게 비쳐졌는지 하루가 멀다 하고 엄마는 전화를 하고 약을 지어 보내셨다.

"현주야, 쉬엄쉬엄 살아라. 니 건강이 최고다. 니가 그렇게 애를 쓰는데 좋은 일이 일어날 거다." 엄마의 말에 엄마가 나를 알아주어 뿌듯했다.

엄마의 눈엔 여전히 난 여덟 살 딸아이다. 가족과 타인들 앞에선 무엇이든 해낼 것처럼 보이는 사람이지만 엄마 품에서 영원히 철들고 싶지 않은, 지금도 엄마가 그리운 나는 여덟 살 소녀다. 엄마 무릎에 누우면 내 머리카락을 쓰다듬어 주던 엄마의 손길을 떠올려 본다.

'이영학 여사님, 사랑합니다.

당신의 딸로 태어나서 고맙습니다.'

엄마에게 문자메시지를 보냈다.

글을 쓰며 다짐한다.

엄마의 따스함과 마음먹은 것은 무엇이든 해내는 성격을 합쳐서 이영학 여사의 훌륭한 딸로, 많은 사람에게 희망의 메시지와 긍정의 에너지를 전하는 삶을 살 것이다. 내가 살아오면서 겪었던 모든 과정이 나와 함께하는 소중한 사람들의 행복을 돕는 일에 쓰이는 보약이었음을 안다.

조현주! 지금까지 잘 해냈어.

앞으로도 믿어.

확장된 꿈을 가지고 예쁜 미래 만들어 가자.

나는 한다면 하는 여자, 따스한 카리스마를 지닌 조현주다.

07

김선정

만나는 순간 : 사람을 참 좋아한다

많은 친구를 만나기도 하고 새로운 친구와 만나는 경험도 흔하던 시기, 20대. 친구와 만나는 자리에 못 보던 친구가 같이 나왔다. 나는 그날도 새 친구에 대해 궁금했다. 새로 만난 친구와 재잘재잘 많은 이야기를 하면서 친해지고 있는 시간, 나의 베스트 프렌드가 말했다.

"너는 쟤랑 오늘 처음 만났는데 10년 지기 같네."

누구를 만나도 내가 늘 듣게 되는 말이다.

'만나는 순간, 10년 지기.'

나는 사람을 참 좋아한다. 결혼 후에도 어머님과 함께 살고 있다. 퇴근 후 집으로 돌아오면 어머님께서 말씀하신다.

"썼던 거, 다시 제자리에 정리하고 가면 안 치워도 되고 좋데이."

'어머나! 내가 또 뭘 놔두고 왔나 보다.' 아차 싶어 거실로 나와 보니 식탁 위에 내 가방이 놓여 있었다.

"옷 갈아입고 치운다는 게 깜박했네요."

이때 거드는 남편의 한마디.

"엄마, 선정이가 뒷손은 좀 없어도 착하잖아."

이건 칭찬인지 욕인지, 참 애매하다.

항상 포근함으로 내편이 되어주는 우리 엄마. 무남독녀 외동딸인 나를 늦게 낳으셔서 그런지, 넘치도록 사랑을 부어주신다. 그래서 내가 부정과 불안의 감정을 잘 느껴보지 못했던 걸까? 새로운 곳으로 여행가는 걸 너무 좋아한다. 휴양지보다 돌아다니며 구경할 수 있는 관광지를 선호했다. 뭐든 새로운 일에 도전해 보는 것을 즐긴다. 집에 있는 게 가장 싫었다. 활기찬 에너지 덕분인지 몸을 움직이는 운동을 좋아한다.

항상 에너지가 있고 시간을 허투루 쓰지 않는 내가 기특하다. 엄마, 아빠 일하시느라 너무 바빠서 혼자 있는 시간이 외로웠을 텐데 밝게 자라줘서 대견하다. 지금은 두 아이를 키우고 일도 한다. 아이들에게 본이 되는 엄마가 되기 위해 열심히 살고 있다. 아이들과 함께 있어주지 못하는 시간만큼 더 사랑해주기 위해 노력하며 매일을 살아가는 내 모습, 너무 멋지다.

나를 아는 모든 사람에게 힘이 되는 사람,

만나면 기분이 좋아지는 사람,

만나면 속이 후련한 사람이 되어주고 싶다.

멀지않은 미래에는 예전에 하던 미용봉사를 다시 시작하고 싶다. 머리를 해 드리는 동안 위로가 필요하신 분께는 위로를, 격려가 필요하신 분께는 격려를, 공감이 필요한 분께는 공감을 해드리면서 긍정의 에너지를 나누어 드리고 싶다. 아마 이런 말을 또 듣게 될지도 모르겠다.

'만나는 순간, 10년 지기.'

조경미

열정 : 또다시 가슴이 뛴다

"지치지도 않니? 정말 대단하다."

"이제 괜찮아. 그만."

"실장님은 그 많은 일을 어떻게 다 해내세요?"

병원 총괄 업무를 하는 나는 이런 말들이 익숙하다. 붉은색만 봐도 가슴이 뛰고 심장이 벌렁벌렁하다. 작은 체구에 조용한 목소리를 가졌지만, 목표를 정하면 그냥 직진이다. 그래서 힘듦도 하나의 과정으로 받아들이는 긍정적 에너지의 소유자다.

사람인지라 간혹 눈이 퀭해서 지쳐 보이기도 한다. 이것도 잠시, 오뚝이처럼 벌떡 일어나는 기질이 발휘되니 나와 함께하는 이들은 에너지를 받기도 하고 버거워하기도 한다.

하고 싶은 것, 먹고 싶은 것, 많은 것을 배우고 싶었던 나였다. 그런데 하나도 채워지지 않았다. 가난한 집에서 태어났고, 부모님 또한 나에게 관심이 없었다.

"아빠, 나 딸기 먹고 싶어.", "엄마, 나 놀이공원 가고 싶어." 내 마음을 표현해 본들 귀담아 들어주지 않으셨다. 가족 나들이 한 번 간 기억이 없고, 식당에서 음식을 맛있게 먹어 본 기억도 없다.

돌아보니 까막눈 엄마와 무관심의 대명사인 아빠는 열정 가득한 딸아이를 맞이할 준비가 덜 되어 계셨던 것 같다. 숙제를 멋지게 잘하고 싶고, 반장선거에 나가 반장도 되고 싶고, 어쩜 그리 하고 싶은 게 많았는지, 나의 기질은 '열정' 그 자체인데, 인정받지 못하고 자랐다.

열정의 기질을 분출해 낸 곳이 바로 직장이다. 내가 업무에 몸을 담그는 순간 매출이 상승했다. 들쑥날쑥하던 직원들은 장기근무로 바뀌어서 직원들의 연봉도 상승했다. 그 결과 직원들과 사주들은 나를 인정하는 눈빛으로 바라보았다. 부모님께 인정받지 못했던 내가 직장의 업무성과로 인정받자, 어떤 일이든 완벽하게 해내고자 하는 사람이 된 건 아닐까 싶다.

목표를 이루기 위해 겪는 힘든 과정을 견디고 그 후 얻게 되는 성공적인 결과에 짜릿한 희열을 느낀다. 그리고 이제는 내 부모의 마음을 돌아본다.

까막눈 엄마는 딸아이가 묻는 말에 답을 못하는 자신이 얼마나 답답하고 한심하게 보였을까? 한 사람으로 태어나 존재를 인정받지 못해 자신의 동굴에서 평생을 지냈던 아빠가 이제는 가엽고 안쓰럽다. 엄마, 아빠의 마음이 느껴지니 나도 진짜 어른이 되어 가나 보다.

부모님을 이해하게 되었듯, 치열하게 살아온 나에게도 말해 주고 싶다.

실수하면 어때? 괜찮아. 실패를 통해서 넌 또 성장하잖아.

잘 살아왔어. 앞으로도 잘 할 거라 믿어.

똑 부러짐, 덤벙거리기, 자잘한 실수, 건망증까지 나를 이루고 있는 모든 것임을 인정하자. 있는 그대로 나를 인정해 줄 때 나의 열정은 더욱 빛을 내어 많은 사람에게 좋은 에너지를 줄 수 있을 것이다. 또다시 가슴이 뛴다.

09

이숙현

일상 : 도전하는 내가 좋다

"어떻게 지내?"

누구에게는 간단한 안부처럼 들리는 말이지만, 나는 상대방이 새로운 무언가를 배우고 있는지 궁금해서 물어보는 경우가 많다. 물론 도전하는 것을 좋아하는 나의 근황을 궁금해 하며 지인들이 물어보기도 한다.

"그림을 시작했어. 플룻도 계속 배우고 있지."

문득, 이것저것을 해 보고 싶다는 마음이 올라왔다가 흐려지기도 한다. 그리고 갑자기 선명해지는 때가 있다. 그 순간엔 '용기'라는 말이 떠오르지도 않을 정도로 실행해 옮기고 있는 나를 발견한다.

플룻은 일하는 중에도 강한 이끌림에 시작한 악기였다. 평소에 노래에는 영 재주가 없던 나는, 듣기만 하던 노래들을 악기로 연주해보면 좋겠다는 꿈과 비교적 작은 크기의 악기가 만만하게 보인다는 이유 같지도 않은 이유로 플룻을 선택했다. 나름 꾸준히 연습한 덕에 멜로디가 익숙한 몇 곡을 연주할 수 있어 작고도 소중한 행복을 느끼고 있었다.

하지만 삶이란 항상 계획대로 되지 않는다. 아이가 원하는 학교에 입학하게 되면서 나의 타지 생활이 시작되었다. 함께 나의 경력도 단절되었다.

아침 시간은 몸도 마음도 바쁘다. 아이가 한 숟가락이라도 더 먹고 등교했으면 하는 마음에 주방에서 부지런을 떤다. 혹시 빠뜨린 준비물은 없는지 아이 방 이곳저곳을 훑어보게 된다.

"다 챙겼어?"라는 나의 물음에 아이는 짜증을 반 섞어 "어." 짧게 답한다. '이렇게 아침부터 짜증을…….'이라는 섭섭한 마음에 이른 시간부터 애써 올린 나의 에너지가 바닥을 치게 된다.

워킹맘에서 갑자기 전업맘이 된 나는, 그동안 몰랐던 피로와 불안함이 파도를 치면서 무기력해졌다.

'그래. 열심히 일했고 이렇게 쉬어 가는 것도 행복한 일이야. 편히 쉬자.'

다짐을 하고 열심히 청소를 해보고 식사를 준비하고 가깝지만 소홀했던 사람들과 짧은 통화를 하고 미뤘던 건강검진을 하고 평범한 하루하루의 소중함도 느끼면서 살아갔다.

그런데, 허전했다.

악기수업을 다시 시작했다. 힘이 나고 미소가 생겼다. 길을 가다 우연히 발견한 '취미 미술 클래스'라는 단어에 마음이 풍선처럼 커진다. 막연하게 꿈꾸고 있던 그림 공부를 제대로 해 보고 싶다는 생각이 마음을 가득 채우는 건 금방이었다. 미술학원에 등록을 하고 첫 수업 시간이 되었다. 서투르고 부족했지만 행복했다.

더 늦기 전에, 아니 늦었다고 생각된 때가 가장 빠른 지금이다. 지금이 아니면 할 수 없는 것들을 찾을 수 있는 힘은 나의 타고난 호기심 덕분인 것 같다. 아니면 평생을 한탄과 후회로 원망하며 살던 어르신들의 모습에서 깨닫게 된 삶의 지침인지도 모르겠다.

도전하는 내 모습이 좋다. 여유 있는 내 모습이 좋다. 에너지 넘치는 생활의 원동력은 스스로의 결핍과 불안을 넘어서는 노력 덕분인 것을 알기에 나를 응원한다. 다음 도전으로 내가 무엇을 선택하게 될지 궁금하다.

10

송태순

지금까지 : 용기 있는 나를 응원한다

"또 시작이야?"

항상 가만히 있는 법이 없었다. 그냥 그대로 따라 하는 법이 없었다. 내 스타일대로 해야 되고, 합리적이지 않다 판단되면 내 생각을 거침없이 말하는 나는 사자 같았다. 내면의 작은 불씨가 '용기'라는 불쏘시개를 만나면 거침없이 활활 불타올랐던 것이다.

"그때 말할 걸………."

학창 시절 내 모습은 지금의 나와 사뭇 달랐다. 나는 물리 선생님을 좋아했다. 중학교 2학년 시절, 친구 신정이도 물리 선생님을 좋아한다고 야단법석이었다. 나도 선생님을 좋아한다는 말을 못하고 1년 동안 신정이 이야기만 들어주고 들러리를 섰다. 고등학생이 되어 나는 용기를 내기로 다짐했다.

"내가 좋아하는 수학 선생님이야." 모두에게 선언을 하고, 선생님께 편지를 쓰고, 일기를 썼다. 그 이후로 내 삶은 활기찼다. 결혼을 할 때도 용기 있게 내 사람을 선택했고, 아이를 키울 때도 용기를 무기 삼았고, 비즈니스를 선택할 때도 나는 나에게 용기를 냈다.

중학교 2학년 그때 나는 용기 있는 신정이가 부러웠다. 먼저 고백해서 선생님의 관심을 받고 있는 신정이가 얄미웠지만, 신정이는 친구들에게도 관심을 받는 좋은 친구였다. 그래서 신정이처럼 나도 먼저 말하고 행동하는 용기 있는 사람이 되고 싶었다.

그리고 지금 나는 용기 있는 사람이 되어 다른 사람들이 의지를 표현할 수 있도록 돕는 라이프 디자이너의 삶을 살고 있음에 감사하다. 내 삶을 디자인하고 있는 것을 글로 쓰고, 라이프 디자인을 원하는 그들에게 글을 쓰도록 나눔하고 안내할 것이다.

용기내어 행동하는 내가 기특하다.
항상 옳은 일에 책임을 다하는 내가 사랑스럽다.
하늘에는 하느님이 계시고 이 땅은 평화롭다.
아버지, 감사합니다. 사랑합니다. 고맙습니다.

"용기를 내어 사명을 다하고 있는 안젤라의 거침없는 삶의 모습이 대견하구나. 안젤라의 의지와 뜻이 곧 나의 길이란 것을 잘 알 테지?" 어디선가 신의 음성이 들리는 듯하다.

지금까지 잘 살았고, 오늘도 잘 살고 있고, 내일도 눈부실 것이다. 용기 있는 나를 응원한다.

11

박지영

나의 성실함이 좋다 : 나의 행복 사람들의 행복

“지영이는 아들로 태어났으면 좋았을텐데.”

아들 귀한 집에 둘째 딸로 태어난 나를 보고 친척 어른들이 자주 하셨던 말이다. 내 밑으로 남동생이 태어났다. 남동생과 함께 구슬치기, 딱지치기를 하면서 남자 아이처럼 놀았다. 그러면서 스스로 위안을 삼았다. 인정받고 싶어서 뭐든 잘 하고 싶은 생각이 들었다.

내가 잘 할 수 있고 칭찬 받기 위해 선택한 것은 ‘성실’이었다.

“축하합니다. 모닝페이지 백일쓰기 완주 하셨네요.” 어느 날 독서모임에서 리더가 제안한 모닝페이지 쓰기. 매일 3페이지를 쓰면 좋다는 것을 익히 들어서 알고는 있었지만 ‘과연 내가 할 수 있을까?’라는 생각에 머뭇거리고 있었다. 이번엔 할 수 있을 것 같은 예감으로 나뿐 아니라 많은 사람들이 시작을 했다.

처음엔 숙제처럼 하다가 횟수가 늘어날수록 모닝페이지를 쓰는 아침이 기다려졌다.

어제의 나와 만나고 오늘의 나를 미리 만나 보면서 깨닫게 되었다. 늘 누군가를 배려했다면 이제부터 나를 배려해 보자는 생각의 확장을 경험했다.

"백일 뒤에 어떤 변화가 있을까요?" 가끔 물어 주시는 리더의 응원과 나의 성실함이 여기에서도 빛이 났다. 함께 모닝페이지를 시작한 사람들 중에 가장 먼저 완주해서 꽃다발도 받았다. 그리고 만나는 사람들에게 모닝페이지를 써 보라고 전하는 모닝페이지 전도사가 되었다.

"와! 사무실 따뜻하네요. 누가 일찍 오셨나 봐요."

팀 미팅이 있는 날에는 제일 먼저 사무실에 도착을 한다. 환기 시키고 겨울에는 히터 틀고 여름에는 에어컨을 틀어 놓는다. 많은 사람들에게 하루를 시작하는 선물 같은 공간으로 만들어 주고 싶다.

"선생님은 이마에 '성실, 부지런함'이 써 있어요." 사람들의 말에 기분이 좋아진다. 나 또한 누군가의 배려 덕분에 감사하고 행복할 때가 많아지고 있다.

어렸을 때에는 생존을 위해 선택한 '성실'이었지만, 지금은 내 삶의 기본자세가 되었다. 장점이 되기도 하고 무모함처럼 보이기도 하지만, 그래도 나는 내가 정말 좋다. 누가 보지 않아도 누가 인정해 주지 않아도 나의 성실함이 대견하고 기특하다. 늘 내 자리에 있어 주어서 참 고맙고 든든하다. 한결같은 모습이 누군가에게는 본이 될 것이라고 생각한다.

배워야 남을 도와 줄 수 있다고 했던 고등학교 때 문학 선생님은 내 삶에 등대 같은 방향을 제시해 주셨다. 지식과 경험으로 꿈을 이룰 도구를 찾는 사람, 더 건강해지고 싶은 사람, 더 예뻐지고 싶은 사람들에게 길잡이가 되고 때로는 동행해주고 친구가 되고 줄 것이 많은 나는 행복한 사람이다. 나의 행복, 사람들의 행복을 위해 오늘도 난 성실을 선택한다.

잘 할 거고 잘 될 거고 성장할 것이다.

잘 했다! 수고했다! 고생했다!

박지영, 오늘도 응원해.

12

최지수

듣고 싶은 말 : 받아들임

"너는 하고 싶은 건 꼭 해야 하는구나!"

20대를 다 보내며 준비한 시험에 합격한 후 만난 친구가 내게 한 말이다. 인생의 다시없을 귀중한 시간을 합격증 하나와 바꿨다.

그 후 나를 축하해주기 위해 모인 각종 모임에서 "정말 열심히 했다.", "고생했다. 잘했다."라는 말을 많이 들었다. 축하의 말들을 들으면서 문득 이런 생각이 들었다. '물론 나도 원했던 일이었지만 도대체 왜 그렇게 열심히 했을까?'

가장 큰 이유는 다른 사람들에게 인정받고 싶어서였던 것 같다.

"우리 딸 자랑스럽다." 부모님께 처음으로 들은 이 말에 깨닫게 되었다. 나는 그동안 다른 사람들에게 인정받고 싶어서 무엇이든 열심히 했던 거였다(다른 사람들에게 보이는 것만을 중요하게 생각하는 것이 아닐까 걱정이 될 정도로 말이다).

어릴 적 나는 부모님이 걱정할 정도로 매우 느긋한 편이었고 20대 초반까지만 해도 별생각 없이 살았다. 그랬던 내가 변한 이유는 자매들 덕분이다. 언니와 동생은 본인들이 이루고 싶은 꿈을 위해 노력했고 그 꿈을 나보다 훨씬 먼저 이루어냈다. 두 사람을 보면서 경쟁심, 위기의식도 있었지만 부러웠다.

부모님께서 둘을 인정해주시는 모습을 보고, 나도 내가 할 수 있는 것을 반드시 해내야겠다 다짐했다. 한 번 결심하고 나면 내가 원하는 걸 얻기 위해 쉬지 않고 나를 몰아붙였다. 뒤처지는 것 같은 느낌이 들 때도, 버거울 때도 있었다.

결과물을 얻기 위해, 다른 사람에게 보여주고 인정받기 위해 앞만 보고 달렸다. 결과를 이루는 것도 중요하지만, 결과를 만들어 내지 못한다고 해서 미래가 무너지는 것은 아닌데 말이다.

'버겁다면 조금은 내려놓아도 좋아. 지금까지 잘했고 앞으로도 잘할 거야!'

내가 나에게 많이 해주고 싶은 말이다.

지친 친구, 동료, 가족들에게도 같은 말을 해주고 싶다.

'나'를 위해 이루려는 목표가 생기면 열정적으로, 그러다 지치면 또 '나'를 위해 쉴 수 있는 여유를 가질 수 있도록 말이다.

다른 사람이 아닌 '나'를 위해 살 수 있도록 두 모습의 나를 받아들일 것이다.

13

임윤진

느긋함이 주는 선물 : 나에게 집중하기

"진짜 느려."

"어우, 답답해."

어릴 적, '거북이'란 별명과 함께 귀에 딱지가 앉을 정도로 들었던 말이다. 뭐든 분명하게 하고 싶고, 완벽하게 해내고 싶은 마음이 컸다. 그러다 보니 결과가 나오기까지 신중해졌고 남들이 보기에는 느린 성격으로 비춰졌을 것이다.

급히 외출을 해야 되는 날, 집안일을 다 끝내고 나가자는 엄마 말에 우리 5남매는 허겁지겁 정리를 했다. 엄마는 "어느 세월에 그러고 있니?" 짜증을 내며 내가 해야 할 일을 가져가기 일쑤였다.

나는 느리긴 하지만 맡은 일은 다 해낸다. 그리고 느린 성향 덕분에 신중하게 끝까지 일을 할 수 있는 것이 아닐까?

학창 시절, 나를 답답하게 여기는 사람들의 말을 들으면 마음이 화

산으로 변하는 것 같았다. 이제는 나의 느림을 인정하며 더 발전해 나갈 수 있는 사람이 되려고 노력한다. 조금 속도를 붙여 생활하고 있는 변화된 내 모습을 느낀다. 가끔씩, 단거리로 앞질러 가는 사람들과 마라톤을 뛰고 있는 것 같은 나를 비교할 때면 답답하고 불안하기도 하다. 그리고 이러한 감정이 드는 것도 '나'임을 받아들인다. 이 또한 나의 느긋함이 주는 선물인 듯하다.

천천히 걸으면 된다. 조급할 필요 없다. 사람들의 시선에 너무 얽매이지 말고 당당하고 밝았던 예전의 나를 다시 찾으려 한다. 느리면 느린대로, 고민되면 고민하면서 모든 것을 받아들이면서 말이다. 신중함으로 나에게 조금 더 집중하며 살아가 보자! 나는 신중하고 느긋한, 성격 좋은 사람이다.

14

유수진

돌이켜 보다 : 우아한 자유를 꿈꾸며

"낭독자나 성우가 되셨으면 잘하셨을 것 같아요."

지인이 대화 도중 툭, 하고 던진 말이다. 나는 기분이 좋았다. 그래서 한 번 더 물어보았다.

"왜 그런 생각을 하게 되셨어요?"

"말씀하실 때 잔잔한 호수가 떠올랐어요. 전달력과 끝맺음이 좋아요. 전체적으로 어감이 편안했어요." 지인의 대답에 나는 미소를 지었다. 하지만 이내 씁쓸함이 몰려왔다. 부드러운 내 목소리는, 나는 내버려 둔 채 타인만을 배려한 삶의 증거이기도 했다. 삶의 무게가 무거워 상담사를 찾았을 때 2시간여 동안 나의 이야기를 들은 상담사는 내게 말했다.

"그 많은 이야기 속에 유수진은 없네요. 이제부터는 유수진을 찾으세요."

나는 이른 나이에 결혼하여 5남매를 키우며 엄마, 부인, 며느리, 장녀, 자매님 등으로 살아왔다. 나는 없었다. 나의 존재를 잃어버리고 살아온 것이다.

사랑하는 나의 아들이 2013년 3월 초등학교 2학년 때 썼던 시를 좋아한다. 어린 아들이 엄마의 고된 일상을 이해해 주는 것 같아 위로가 되기 때문이다.

천하장사

임종민

빨래 더미가
에베레스트
산만큼 높다

에구,
하고 엄마는
에베레스트 산을
번쩍 들어
세탁기 속으로
밀어 넣는다

매일같이

에베레스트 산을

옮기는 울 엄마는

세상에서 제일가는

천하장사

20대 초반, 친구들과 커피숍에 갔던 적이 있다. 나는, 주문을 받으러 오신 여자 사장님의 나지막한 목소리, 우아한 자태에 반해 버렸다. 뒷모습까지 한참을 넋 놓고 바라보았던 기억이 있다. 30년 가까운 세월이 흐른 후인데도 가끔 그분의 모습이 어렴풋이나마 떠오른다. 그때 나는 마음먹었다. '여성미와 매력이 넘치는 저분처럼 나도 그런 여인이 될 거야.'

내 안의 다양한 모습들 중에서 좋은 것들을 꺼내 더 빛나고 아름답게 키워내고 싶었다.

글을 쓰며 지난 세월을 돌이켜 보니, 내가 없다고 여겼던 나날들도, 아들의 시를 읽으며 생각에 잠겼던 그때도, 아름다운 여인이 되리라 다짐했던 젊은 시절에도 나는 열심히 살아 왔다는 것을 새삼 깨닫게 되었다.

어떤 환경에서도 꿋꿋하고 당당하게 잘 살아내는 내가 대단해 보인다. 무엇이든 척척 해내는 모습도 자랑스럽다. 이제는 조금 더 나다운 모습으로 인생을 살아보고 싶다.

자유의 여신상이 들고 있는 횃불처럼 나도 활활 타오르는 횃불을 들고 나의 인생을 밝혀주고 싶다. 내가 나의 인생을 밝혀주려는 노력을 하고 행복에 더 가까워 졌을 때, 많은 사람에게 자유의 횃불이 되어줄 수 있을 것이라 믿는다.

15

함윤희

교자상(交子床)과 보자기 : 망각의 물건이 반갑듯

"엄마! 이 상(床) 그만 버려도 되지 않을까요? 이제 쓸 일도 많지 않고 먼지만 자꾸 쌓여서 청소하기 힘들어요."

"상이 너한테 뭐라고 하디? 한쪽에 가만히 있는데 그냥 두거라."

우리 집 베란다 한쪽 벽에는 수십 년간 애용한 대형 교자상이 자리 잡고 있다. 적게는 12명, 많게는 16명까지 앉을 수 있다. 친척, 지인들과 함께 음식을 먹고 이야기를 두런두런 나눌 때 사용했던 엄마의 물건이다.

상판의 나뭇결이 무척 아름답고 네 다리의 디자인과 조각 문양도 좋다. 무엇보다도 수십 년간 '폈다 접었다'를 반복했음에도 한 번도 삐걱거리지 않고 제 몫을 톡톡히 해낸지라 엄마는 "이렇게 예쁘고 튼튼한 상을 다시 만나지 못할 게다." 말씀하시곤 했다.

식탁과 의자를 사용하기 시작하면서 교자상은 뒤로 밀려났다. 예전에는 손님 접대용으로 많이 사용했으나 몇 년 전부터는 1년에 한두 번만 사용할 정도가 되었다. 친척 어른들의 생이 다해가는 횟수가 늘어갈수록 집으로 찾아오는 방문객들도 많지 않았고, 엄마 친구분들도 병고 등으로 모임의 횟수가 차츰 줄어들고 있었다.

교자상을 보관했던 두꺼운 종이상자는 너덜너덜할 때까지 테이프를 이리저리 붙여가며 겨우 사용하다가 더는 안 되겠다 싶어 신문지로 덮어가며 보관하기를 수년! 쌓이는 먼지를 볼 때마다, 햇빛에 바랜 신문지를 또 다른 신문지로 교체하면서 '이걸 어쩌지?'하는 마음에 이제는 버리자, 엄마에게 제안한 것이다.

"내가 하늘나라로 가면 그때 네 맘대로 해라." 엄마의 뜻은 단호했다.

그러던 어느 휴일, 안 쓰는 물건들을 정리하다가 차곡차곡 모아둔 보자기 더미를 발견했다. 나는 때에 맞추어 물건을 정리하는 습관이 있다. 하지만 이 보자기들은 달랐다. 버리기엔 너무나 아까운, 빛깔이 무척 곱고 질감은 더없이 좋은 것들이었다. 보자기를 보는 순간 문득 유년 시절이 떠올랐다. 엄마가 뜨개질로 여름 원피스, 가방 등을 만들어주시고 겨울에는 스웨터, 장갑, 목도리 등을 밤늦게까지 만들어 입혀주셨던 기억이었다.

'그래, 바로 이거야! 보자기를 이어 붙여서 엄마의 교자상을 쌀 수 있는 초대형 보자기를 만들면 되겠구나!' 아이디어가 떠오르자마자 바로 행동으로 옮겼는데 얇은 천에 하는 손바느질은 여간 힘든 게 아니었다. 크기가 커서 펄럭거리는 데다 지지할 수 있는 두께감도 없어 바늘로 내 손가락 찌르기를 무한 반복했다. 호기롭게 시작한 손바느질 때문에 어느새 목의 통증이 왔고 한숨을 쉬는 횟수도 늘어갔다.

하지만 막상 두 개의 보자기를 연결하고 나니 깊은 한숨은 사라졌다. 엄마가 좋아하는 보라색과 하늘색을 차례로 이어 붙이자 4개의 보자기는 어느새 하나의 초대형 보자기로 탈바꿈되었다. 중학교 때 배운 바느질법을 총동원한 완성품을 거실 바닥에 펼쳐 놓고, 상을 들고 와 이리저리 건너다니며 포장을 해놓고 보니 한껏 뿌듯했다.

엄마는 초대형 보자기가 큰 상을 감싼 모습에 깜짝 놀라셨다.

"윤희야! 아주 좋다! 어떻게 그런 생각을 했어?"

"엄마, 하루 온종일 바느질만 했어요."

"그래, 고생했다."

손재주가 좋은 엄마는 성격이 깔끔하고 대담했던 분으로 말보다는 행동으로 우리를 키우셨다. 막내였지만 예외 없이 나 역시 스스로 알아서 모든 걸 해야 했다. 엄마가 칭찬하는 걸 별로 들어 본 적이 없어 '우리 엄마는 왜 그럴까?' 서운함과 불만도 때론 있었지만 세상과 맞서며 엄마의 깊은 마음을 이해하기 시작했다. 성실하지만 완벽을 지나치게 추구하는 내 모습에서 가끔은 내가 의아해하고 부담스러워했던 엄마의 모습이 나타날 때마다 흠칫흠칫 놀라고 있다.

'그래, 난 엄마 딸이니까!'

요즘엔 사용할 일이 거의 없는 보자기와 바느질은 잊고 있던 일상의 조각들을 소환했다. 엄마와 내가 모아둔 보자기들이 큰 보자기가 되어 교자상을 새롭게 둘러싸듯, 그렇게 엄마와 나는 이어져 있다.

구석진 곳에서 발견한 망각의 물건이 반갑듯, 엄마의 환한 미소는 나를 기쁘게 한다.

16

최경순

사진작가 : 책임감과 용기가 여유를 만나

"경순아, 너는 참 용기 있어. 우리는 엄두도 못 내는데 으쌰으쌰 하면서 도전하는 모습이 참 부러워."

"경순이는 사진작가 해도 되겠다. 어쩜 이렇게 예쁘게 사진을 잘 찍니? 화보집 내도 되겠어."

지인들에게 칭찬의 말을 들으면 하늘을 날 것 같다.

나는 5남매 맏이로 태어났다. 사실, 가장이나 다름없었다. 동생들을 챙기며 자연스레 책임감 있고 용기 있는 성격이 만들어진 것 같다. 어른들이 잘한다고 칭찬해 주면 더 용기 있는 척 하기도 했다. 엄한 아버지 때문에 눈치도 행동도 빨랐다.

"경순아, 빨리 해라. 맏이는 뭐든 잘 해야 돼." 어릴 때 아버지가 불호령을 내릴 때마다 내 가슴은 콩닥콩닥 거렸다. 빨리 어른이 되고 싶었다.

'아버지가 나를 맏이로 잘 키우기 위해서, 책임감 있는 사람으로 키

우기 위해서 마음이 아프셔도 호되게 훈련시키신 걸 수도 있겠다.'

이만큼 나이가 들고 보니 아버지를 달리 생각하는 여유가 생겼다. 책임감과 용기가 여유와 만나니, 그리 좋을 수가 없다.

오늘은 바위솔을 만나러 일출암으로 갔다. 조금 늦은 감은 있어도 아직 나를 반겨주는 아이가 있었다. 가파른 곳에 자생한 둥근 바위솔이 너무 반갑고 예쁘다. 위험한 곳이라 조심조심 난간에 서서 바위솔을 줌으로 당겨서 찍었다.

사람들의 발길이 드문 위험한 곳에서도 자신의 존재를 뽐내고 있는 바위솔처럼, 나도 지금처럼 그래왔듯 내 인생에 책임감과 용기를 가지고

소중한 사람들과의 추억, 자연의 아름다움을 사진에 잘 담아내는 사람이 되고 싶다.

최경순, 잘 하고 있어.

너의 세월동안 연마해 온 용기와 재능으로 많은 사람을 도와줄 거지?

넌 앞으로 더 행복할 거야.

나의 존재는 책임감, 용기, 그리고 사진작가로 더 빛난다.

17

김명희

매 순간 감사로 : 사랑이 눈앞에 보인다

"다른 것 더 했죠?"

트레킹을 같이하는 동지의 질문이다. 질문을 한 계기는 나의 체지방률이 17%라는 소리를 듣고 나서다. 같은 트레킹을 하는데 왜 결과가 다르냐는 뜻이다.

그때 내가 남긴 대답은 이러했다.

"너는 왔다 안 왔다 했지만, 나는 매번 안 빠지고 왔거든."

오늘도 나는 트레킹 장소로 올랐다. 토요일 아침 7시, 왼쪽을 바라보니 태양빛에 눈이 부신다. 부신 눈을 살짝 감았다 뜨면서 서서히 정면으로 그리고 오른쪽으로 고개를 돌린다.

우와! 우와! 우와! 겹겹이 쌓여있는 모든 산 능성이 눈 아래 있는 풍광을 어떤 단어로 표현할 수 있을까! 함께 한 걸음씩 내딛으며 도착한 이곳은 죽기 전에 꼭 한번은 와봐야 하는 가산바위다.

산 정상에 삐죽삐죽 우뚝 솟은 바위는 흔히 있다. 그러나 이곳은 산

같은 바위를 단면으로 싹둑 잘라놓은 듯 평평한 것이 신기하다. 백 명도 거뜬히 있을 만큼의 면적이다. 안방처럼 눌러앉아 풍광을 보노라면 신선이 된 것처럼 평화와 풍요로움이 온 몸을 감싼다.

2022년 3월 18일을 기점으로 가산산성 트레킹은 어느덧 80회가 넘었다. 삶을 대하는 태도가 진심인 동지들과 한 발 한 발 디뎌 낸 발걸음은 맑디맑은 인생길이 되었다.

창문을 열고 아무리 환기를 시켜도 담배와 술 냄새가 한방가득 베여있다. 오빠가 친구들과 머문 흔적이다. 술병과 담배꽁초가 이곳저곳 흩어져 있다. 잔해를 치우면서 매번 답답함과 억울함과 짜증이 올라왔다. 등교를 하면 교문 입구에서 선생님의 단속에 멈춘다. 교복과 책가방에 온통 담배냄새가 베여있기 때문이다.

그 후로는 내가 어찌할 수 없는 통제 불가능한 상황을 마주하면 분노가 차올랐다. 가장 힘들었던 때는 갓난아기인 아들과 마주할 때였다. 아기 시절 아들이 울기만 하면 어찌할 바를 몰라 답답한 마음에 100도가 넘는 화를 내고 짜증을 부렸다. 무방비 상태에서 이 감정을 오롯이 받은 아들은 지금 초등학교 6학년이 되었다. 엄마의 미숙함으로 아이의 감정에 문제가 생겼다 해도 할 말이 없을 텐데, 오히려 나를 위로해주는 100도가 넘는 온기를 가진 아들이 되었다.

기적일까? 아니다. 기적 같은 이 상황은 아빠의 온화함, 할머니 할아버지의 손주사랑 덕분이다. 가족의 감사함을 알게 된 지금 매순간 감사로 하루가 물든다.

아이가 둘 이상인 엄마를 모두 존경한다. 세상에서 가장 나쁜 엄마라고 죄책감을 느끼며 많은 날들을 보내왔다. 그때마다 들려오는 소리가 있었다.

"다 그렇다. 너만 그런 거 아니다."

그냥 하는 말인 줄 알았다.

지금은 바로 위층에 우주보다 넓은 사랑을 품으신 시부모님이 계시고 코골이하는 남편과 각방을 쓰는 나를 토닥여 주는 초등학교 6학년 아들 1명을 둔 엄마로 다른 이에게 위로를 건넬 수 있게 되었다.

"다 그렇다. 너만 그런 거 아니다."

평평한 바위가 많은 사람을 품어 주어 늘 찾게 되는 가산바위처럼, 100도가 넘는 온기로 나를 대해주는 아들처럼, 소중한 내 가족처럼, 나와 함께하는 지인들의 마음을 토닥여 주는 '김명희'라는 사람.

단 한 번에 이룰 수 있었던 건 아니다. 수많은 시행착오와 죄책감, 분노와 싸워 이긴 결과이다. 귀한 인연들이 있었기에 내 삶을 마주할 용기가 생겼고, 이제는 내가 그들에게 가족이 되어 줄 차례다.

열심히 살아온 나를 인정하니 사랑이 눈앞에 보인다. 오늘 일기로 또 '감사'를 선물 받았다.

18

신임선

며느리에게 사랑받고 싶어 : 신임선은 최고야!

나는 어릴 적부터 소소한 일을 해도 잘 한다 잘 한다 칭찬을 듣고 자랐다.

그때는 고전 무용학원도 없을 시절인데 나의 친구, 고모한테 무용을 배워서 우리 집에 손님이 오면 혼자 공연을 했다. 엄마와 언니가 '도라지 도라지' 노래를 불러주면 나는 작은 소쿠리를 들고 노래에 맞춰 춤을 췄다. 손님들은 공연이 다 끝나고 나면 잘했다고 예쁘다고 바구니에 돈을 넣어주셨다.

외동 며느리로 살아오면서 사랑받기 위해 열심히 살아왔다.

지금은 두 며느리 보고 사랑을 맘껏 주고 싶어서 연구 중이다.

두 며느리에게 카톡으로 진심을 전한다.

'매일 새벽 6시, 독서모임을 한지 벌써 3년이 넘었네.'

그리고 독서모임에서 배운 내용을 짤막하게 덧붙이기도 한다.

'그래, 잘했어. 앞으로 더 잘 할 것이다.'

이런 생각을 자주 하다 보니 늘 몸은 바쁘게 움직인다. 내 몸에 미안하기도 하다. 내 나이 72세. 이 나이에 어린 손자 보면서 공부도 하고 식구들과 먹을 집밥도 한다. 남편 손대천, 큰 아들 손부길, 큰 며느리 김희원, 작은 아들 손기범, 작은 며느리 차백랑, 큰 손자 손현성, 작은 손자 손우재.

사는 게 뭘까 싶다가도 온 식구 건강하면 그게 최고지 싶다. 죽는 날까지 배우면서 건강 챙겨 행복하고 풍요롭게 살아가면서 남들에게 나누고 싶다. 나, 주식회사 신임선은 최고야!

'큰 며느리 희원아. 대구 날씨는 조금 쌀쌀하네. 그래. 어미 하는 일이 술술 잘 풀리고 있을 거라 믿는다.' 늘 보고 싶은 큰 며느리를 생각하고 있는데 작은 며느리가 옆에서 말한다.

"어머님 얼굴에 형님 보고 싶어 하는 마음이 가득하네요."

큰 며느리가 보고 싶어 나도 모르게 눈물을 흘린 적도 많다. 코로나19가 온가족 생이별시키고 기간이 길어지다 보니 나중에 다시 만나게 되면 어색하지나 않을까, 걱정이다. 하지만 엄마는 엄마니까 모든 것을 안을 수 있다.

어떻게 하면 사랑받는 시어머니가 될 수 있을까? 요즘 젊은 사람들은 자기가 원하지 않은 일을 하면 싫어한다고 하던데 어미 마음속에 들어가 보았으면 좋겠다.

여전히 나는 사랑받고 싶고 인정받고 싶고 칭찬받고 싶어 한다. 그 마음이 넘쳐서 나 스스로를 괴롭게 할 때도 있다. 하지만, 가족을 향한 내 마음은 진심이기에 행복하다. 며느리에게 사랑받는 시어머니가 되고 싶어 노력하는 시어머니 있으면 나와 보라. '도라지 도라지' 노래에 맞추어 춤이라도 출 수 있다. 가족을 사랑하는 나를, 나는 인정한다.

Chapter 2_

자신의 생을 받아들인 : 엄마

스며드는 것

안도현

꽃게가 간장 속에
반쯤 몸을 담그고 엎드려 있다
등판에는 간장이 울컥울컥 쏟아질 때
꽃게는 뱃속의 알을 껴안으려고
꿈틀거리다가 더 낮게
더 바닥 쪽으로 웅크렸으리라
버둥거렸으리라 버둥거리다가
어찌할 수 없어서
살 속으로 스며드는 것을
한 때의 어스름을
꽃게는 천천히 받아들였으리라
껍질이 먹먹해지기 전에
가만히 알들에게 말했으리라
저녁이야
불 끄고 잘 시간이야

우리 엄마는 몇 개의 거짓말을 했을까요?

그 거짓말들은 누구를 위함이었을까요?

곧 죽게 될 운명의 뱃속 알들에게 잠을 청하는 꽃게처럼, 우리 엄마는 우리들을 위한 거짓말쟁이가 되었습니다.

세상에서 제일 나쁜,
세상에서 제일 고마운,
그리고
세상에서 제일 미안한 존재,
우리 엄마를 생각하며 글 썼습니다.
웅크리고 버둥거리다가,
울컥울컥 자신의 생을 받아들인 엄마를요.

엄마, 보고 있지?

01

서은주

나의 카운슬러

“괜찮다. 털어서 먼지 안 나는 사람 없고 내 입 속에 혀도 물린다.”

엄마의 ‘괜찮다’는 말이 최고의 지혜와 위로처럼 들리곤 했다. 우리 엄마는 내가 믿을 수 있는 사람이자, 나의 카운슬러다.

엄마는 항상 진심과 성의 가득한 태도로 가족을 위한 음식을 만들어 주신다. 엄마의 요리로 엄마의 성품이 보인다. 내가 숙제처럼 하는 음식과 엄마의 음식은 완전히 다른 옷을 입고 있다. 나는 엄마 덕분에 대접받는 음식들을 곧잘 먹을 수 있다. 엄마의 인품이 보이는 음식들로 풍성한 마음을 누린다.

사진으로 보았던 우리 엄마는 정갈하고 당당해 보이는 멋쟁이였다. 지금의 엄마는 얌전하시기만 하다. 시골에서 도시의 삶으로 옮겨와 모든 것을 도전하며 살았을 때처럼, 용기 있던 청춘처럼, 70살인 지금도 그때의 생생한 에너지로 엄마의 인생을 다시 펼쳐 보았으면 좋겠다.

엄마를 생각하면 아리다. 엄마는 4녀 3남의 장녀였다. 어린 시절에는 엄한 외할머니에게 많이 혼나며 동생들을 키워냈다. 외할머니의 스트레스를 다 받아낸 엄마였다. 힘들었던 엄마의 세월 때문에 재능들을 펼치지 못했던 건 아닌지 안타깝다.

항상 자유롭고 당당한 엄마, 가지고 있는 매력을 주변에 선명하게 나눌 수 있는 엄마이길 바란다. 조용하고 차분한 모습도 좋지만 엄마의 장점을 마음껏 표현하는 제 2의 삶을 사셨으면 좋겠다. 파스텔 톤처럼 부드러운 영향력보다, 선명하고 강한 원색의 열정적인 영향력을 발휘하며 사셨으면 좋겠다.

엄마,

엄마는 어린 시절 받지 못했던 배려와 존중으로 나를 키워줘서 너무 고마워. 덕분에 나는 자유롭고 맑은 가치관으로 세상을 바라볼 수 있는 것 같아. 옆에 있는 사람을 가치 있고 귀한 사람으로 대해주는 엄마의 태도는 나를 반성하게도 하고 내게 많은 울림과 감동을 주기도 해.

앞으로 남은 우리의 시간, 주변을 환하게 비춰주는 조명 같은 삶을 살며 풍성한 추억들 가득 가득 만들어 가기로 약속해. 엄마, 곁에 계셔주어 고마워요. 사랑해.

02

김선정

엄마가 최고야!

“이쁜 우리 딸래미, 밥은 먹었나? 마이 무래이. 삐쩍 마르면 안 이쁘다. 통통해야 이쁘지!”

밥 먹었냐고 매번 잘 챙겨 먹으라고 말씀하시는 엄마. 늘 내 걱정을 하시는 것 같다. 동생이 있었지만 태어난 지 3주 만에 하늘나라로 갔다. 둘째 동생도 엄마 뱃속에서 6개월 만에 유산이 되었다. 나만 남아서 그런지, 엄마는 많이 먹으라는 이야기를 유독 많이 하신다. 많이 먹으면 건강하다고 생각하시는 것 같다.

가족을 위해 억척같이 일하던 우리 엄마. 내가 어릴 때부터 우리 집은 식당을 했었다. 엄마는 많은 손님이 와도 번개처럼 상을 차려 내셨다. 집안일도 빠르게 척척하시고 슈퍼우먼 같았다. 혼자서 서너 명의 몫을 해내시면서도 힘든 기색 내는 것을 한 번도 보지 못했다. 일 잘하고 억척스러운 우리 엄마지만, 나에게는 늘 솜털같이 부드러운 천사였다.

엄마의 성향을 물려받은 걸까? 나도 일 욕심이 많다. 뷰티샵을 하는 나는 한 명의 고객도 놓치지 않으려고 샌드위치나 김밥으로 점심을 대신하며 시간을 아낀다. 예약도 쉴 틈 없이 받는다.

문득 엄마의 말씀이 떠오른다. “쓰는 자랑하지 말고 버는 자랑 해라.”

엄마 결혼식 사진을 보니 여리고 예쁘기만 했다. 흰 머리카락 하나 뽑으면 10원 준다고 하던 시절이 엊그제 같은데 이젠 반 백발 할머니가 되었다.

6남매 장녀로 태어나 아버지를 일찍 여의고 소녀 가장이 된 엄마였다. 동생들 먹여 살리면서도 공부시키고 시집 장가 보내느라 청춘이 다 갔다. 늦은 나이에 6남매 장남인 우리 아빠한테 시집와서 시동생과 아가씨 뒷바라지까지 해냈다.

엄마를 생각하면 ‘헌신’과 ‘희생’이라는 단어가 떠오른다. 아낌없이 주는 사랑

그 자체였다. 내가 잘못해도 덮어주고 감싸주며 끝까지 믿어주던 엄마가 늘 고맙고 든든했다.

그래서 나는 엄마가 더 기쁘고 행복했으면 좋겠다. 친구들과 여행도 많이 다니고 운동도 함께 하면서 더 활기차고 행복하게 살았으면 좋겠다. 입 짧은 우리 아빠의 반찬 투정 이제 그만 받아주고 큰소리치면서 속 시원하게 살았으면 좋겠다. “당신이 알아서 챙겨 먹어요!”

엄마,

난 엄마가 세상에서 제일 좋아. 알지?

항상 내 편이 되어주는 엄마가 옆에 있다는 것만으로도 진짜 큰 힘이 되고 든든해.

엄마, 건강하게 100살까지 살아야 해. 내가 더 잘해줄 수 있도록 말이야.

"니 때문에 너거 아빠하고 살았다." 엄마가 늘 말했는데 나를 위해 아빠랑 살아줘서 고맙고, 내 엄마로 내 곁을 지켜줘서 고마워.

엄마, 난 다른 엄마들이 다 엄마처럼 정답고 포근하고 만나기만 하면 좋고 그런 존재인 줄 알았어. 근데 아니더라. 엄마랑 너무 안 맞는다는 친구도 있었고, 엄마랑 싸웠다고 하는 친구도 있었어. 난 엄마만 보면 아직도 너무 좋아서 어쩔 줄 모르겠는데. 한 번도 혼나 본 적 없고 한 번도 싸워 본 적 없었던 건, 늘 엄마가 참아 주었기 때문이야. 엄마에 대한 감사가 더해지네.

5살 때인가, 우리 이층집에 살 때, 엄마는 날 아랫집 언니들에게 맡겨놓고 일하러 갔었잖아. 어느 겨울날, 언니들은 다 잠들고 나는 잠이 오질 않아 밖에 나와 보니 눈이 펑펑 오고 있지 뭐야. 난 혼자 맨손으로 눈사람 만들고 눈 장난 하며 놀고 있었어. 그때 엄마가 와서 깜짝 놀라며 나를 안고 내 손을 엄마 가슴속에 넣어 줬잖아. 엄마도 추웠을 텐데, 엄마의 따스한 그 품이 아직 기억나네.

어린 시절, 엄마가 옆에 없어 허전하고 외로웠는데, 내가 자식을 키워보니 어린 딸 혼자 두고 일해야만 했던 엄마 마음이 얼마나 찢어졌을지 조금은 알 것 같아. 너무 늦게 철이 들어서 미안해요. 남은 시간만큼은 내가 엄마를 더 사랑하고 이해하며 아껴 줄 거야.

오늘은 엄마 생각하며 밥 많이 먹을게. 엄마도 건강하게 밥 많이 드셔야 해요. 내 인생의 카운슬러, 엄마가 최고야!

03

박지영

엄마의 마지막 레퍼토리가 현실이 되기를

“둘째 딸, 요즘 많이 바쁘지? 애들은 잘 크고? 준현이, 정현이, 수연이 이름이 맞나? 손자들이 많아서 늘 이름이 헷갈려. 내가 세상에서 제일 행복하다. 나는 이제 더 바랄 것이 없어. 나만 건강하면 된다.” 엄마의 전화 멘트는 토시 하나 안 틀리고 언제나 똑같다.

나만 건강하면 된다고 하는 말씀은 엄마가 건강하지 않아서 늘 병원에 다녀야 하는 삶이 고단하다는 것처럼 들린다. 그 고단함을 오로지 혼자 견뎌내셔야 하지만 내가 해 드릴 수 있는 말은 “식사 제때 챙겨 드세요.” 밖에 없다.

엄마는 늘 부지런하셨고 바쁘셨고 잠시도 쉬지 않으셨다. 4남매를 뒷바라지하기 위해 경제 능력이 부족한 아빠의 몫까지 채워가며 돈을 벌 수 있는 일이라면 뭐든 하셨다(엄마의 강인한 체력과 정신력 그리고 부지런함을 닮아 있는 ‘나’이다).

엄마는 늘 나눠주는 것을 좋아하셨다. 특별한 음식을 하는 날이면, 넉넉하게 해서 옆집 뒷집 앞집 갖다주는 것은 언제나 나의 몫이었다. 때때로 이렇게 심부름할 때면 이웃들에게 칭찬을 많이 받을 수 있어 우쭐해지곤 했다. 덤으로, 주는 행복을 자연스럽게 알게 되었다. 봄이면 쑥 캐서 떡 만들고 나눠 주는 것이 연례행사이자 엄마의 행복이었다. 이제 엄마는 무릎이 아파서 더 이상 떡 나눔을 할 수 없게 되어 많이 안타까워하신다. 그래도 식당 가서 먹고 남은 음식으로 길냥이를 챙기는 따뜻함 마음은 나에게는 늘 산교육이 되곤 했다.

그렇지만 나는 엄마처럼 살고 싶지 않았다. 늘 희생만 하고 정작 엄마의 삶은 없어 보였다. 그러다보니, '나는 나를 챙길 거야. 조금은 이기적으로 살아야지.'라고 다짐하기도 했다.

흑백 사진을 통해 본 젊었을 때의 엄마 모습은 키도 크고 날씬했다. 꿈 많은 소녀처럼 보였다. 엄마가 보물처럼 간직하고 있는 게 있다. 학교 다닐 때 받은 성적표이다. 엄마는 공부를 잘했지만 계속할 수는 없었다. 그래서인지 지금도 무엇을 늘 배우러 다니시는 엄마다. 나는 이것도 엄마를 닮았다. 나, 엄마 딸 맞다.

건강을 위해 시작한 수영은 20년 이상 하고 계신다. 한강 건너기, 울산 태화강 건너기 등등 온갖 대회를 나가다보니, 안방에 메달이 주렁주렁 달려 있다. 하지만 지금은 허리 수술, 어깨 수술로 인하여 갑자기 할머니가 되어 버린 듯하다.

오랜만에 만난 엄마의 레퍼토리는 하나도 바뀌지 않았다. 누가 써 준 대본을 읽듯이, 했던 이야기를 또 하고 또 하신다. 무능한 아빠 때문에 혹독한 시집살이를 했다, 그 시대는 그럴 수밖에 없었다, 삶의 무게를 다 견딜 수 있었던 원동력은 자식들이었다, 뭐 이런 이야기들이다. 하지만 늘 내 마음을 아프게 하는 것은 외할머니 이야기다.

엄마에게도 엄마가 있었다. 딸이 오기만을 오매불망 기다리며 시골에 홀로 사시던 외할머니의 임종을 지켜 드리지 못한 것을 가슴에 대못으로 가지고 계신다. 홀어머니를 잘 모시려고 한 결혼이었는데 말이다. 한 여자로 과거의 아픈 기억에 멈추어 되풀이하는 엄마의 이야기를 들을 때마다 마음이 아프다. 그래도 마무리는 늘 이렇게 말씀하신다.

"늘 내가 제일 행복하다. 이제 부러울 거 하나 없다." 진짜로 세상에서 제일 행복한 우리 엄마가 되었으면 좋겠다.

엄마,

늘 잘 되길 기도해 주신 덕분에 제가 여기까지 왔습니다.

엄마의 희생과 헌신을 세 아이의 엄마가 된 제가 이제 조금 알겠습니다.

사랑합니다. 고맙습니다. 감사합니다.

04

유수진

미어짐 뒤의 기쁜 빛

"11시 전에는 안자. 딸이 전화할까 봐."

'11시'라는 단어가 나에게는 마지막 막차를 기다리는 사람의 간절함과 초조함으로 느껴진다. 하루를 힘겹게 사시느라 노곤할 몸을, 늦은 밤까지 졸음을 쫓으며 혹시나 하는 마음으로 딸의 안부 전화를 기다리실 노모의 모습이 애처롭다.

매일 같은 시간 때에 상가들 앞을 지나 지하철역으로 향하는 엄마의 별명은 "하나, 둘, 하나, 둘."이다. 시간에 쫓겨 항상 백팩 하나 메고 뛰어가시는 엄마의 모습을 보고 상가 사람들이 문 앞에서 구령을 부쳐 불러 주신다.

늦은 밤 귀가하신 어머니는 다시 아침 일찍 일어나 식구들 하루 먹을거리를 챙겨 놓으신 후, 가족들과 여러 사람이 부탁한 애절한 사연을 들고 청원 기도하신다. 그러다가 출근 시간이 되면 또 뛰어가시는 매일의 삶. 엄마의 인생에서 엄마 자신을 위한 페이지는 한 장도 쓸 수 없을 만큼 오로지 타인을 위한 삶이 전부인 엄마.

그러나 고되고 바쁜 일상에서도 항상 웃음을 보여 주셨고, 친절함을 잊지 않으셨던 엄마이다. 그런 엄마 덕분에 나 역시 밖에서도 기죽지 않고, 활발하고 자신감 넘치는 생활을 할 수 있었다. 그리고 이런 나의 모습은 엄마에게 기쁨을 드리는 일이라 생각했다.

엄마의 세월은 나의 마음을 미어지게 만든다. 엄마의 고생 덕택에 두 남매는 결혼하여 각자의 가정을 꾸려 잘 살아가고 있다. 그래서 이제는 엄마도 고생을 멈추시고, 여생을 편안히 살아가시길 늘 기도한다. 그러나 엄마는 칠순이 훌쩍 넘은 나이에도 등이 굽도록 일개미처럼 일만 하신다. 얼마 전 그 이유를 알아버렸다. 9남매의 가장인 남동생을 위해 계속 일하신다는 거였다. 또다시 억장이 미어진다. 그 세월에 미어지고, 그 사랑에 미어지고, 그 희생에 미어지고. 엄마는 미어짐이다.

엄마가 눈부셨으면 좋겠다. 삶의 무게를 다 내려놓고 스스로 빛을 내는 반딧불이처럼 작더라도 이제는 엄마 자신을 비출 수 있으면 좋겠다. 그 작은 빛들이 하나둘 모여 낮처럼 밝아지고, 태양처럼 눈부신 밝음으로 엄마가 환해지면 좋겠다.

그러나 엄마는 이미 눈부신 삶을 살아가고 계셨다. 어린 시절 병으로 죽을 뻔했던 생의 고비에서 치료받을 수 있는 병원을 소개한 고향의 성당에 보답하고 싶다며 하루하루 벌어 모은 돈 천만 원을 기부하셨다. 30년 넘게 하루 한 끼씩 단식하신 금액으로 매년 불우이웃을 돕고 계시기도 한 엄마는 내가 아는 화려한 눈부심은 아니지만 이미 엄마 스스로는 빛나고 있었고 눈부신 삶을 살아내고 계셨다.

가녀리고 여렸던 소녀는 모진 세월의 고초를 다 이겨내며 잔 다르크 같은 존재로 우뚝 서 있었다. 어디서나 존재감 넘치는 분으로 일인 다역을 꿋꿋이 해내신 엄마.

나의 어머니.
당신이 나의 엄마라는 것이 자랑스럽고 곁에 계셔주셔서 감사합니다.
당신을 존경하며 많이 사랑합니다.
엄마의 생신에 이런 글을 바칠 수 있어서 너무도 기쁩니다.
사랑하는 나의 어머니여,
당신은 나의 성모마리아이십니다.

05

조경미

다시 만난 엄마

“언니야, 집에 쌀 없나? 엄마가 언니 집에 쌀 없다고 엄청 걱정한다.” 전화기 너머 대학생인 동생 경아의 목소리가 들린다.

“뭐? 우리 집에 쌀이 없다고? 그게 무슨 말이고?” 도리어 내가 묻는다.

“하여튼 엄마가 걱정하니까 알고 있어라.” 전화를 끊고 생각했다.

‘뭐지? 큰 어려움 없이 살고 있는데 왜 엄마가 생각지도 않은 걱정을 하고 있을까?’

이것은 20년 전의 이야기다. 엄마를 생각하니 이 일이 왜 이리 생생할까?

나는 9살 때까지, 동생인 경아는 4살 때까지만 엄마와 함께 살았다. 그 후 각자의 삶을 살았기에 서로의 공통 분모는 없다. 엄마는 어린 딸들을 떨어뜨려 놓고, ‘방 한 칸 마련’이라는 삶의 목표를 정한 채 억척스럽게 살았다. 부산 부전 시장에서 새벽 3시에 일어나 하루를 맞이하며 오로지 딸들과 살기 위해 모든 것을 희생한 엄마.

20년 전 다시 만난 엄마는 가난의 잠재 때문인지 쌀에 벌레가 생겨 쌀통을 비워둔 내 뜻을 모른 채, 진짜 쌀이 없는 줄 알고 속으로 맘고생을 하셨나 보다.

늘 그리워했던 어린 딸이 아이들의 엄마가 되어서야 다시 만났으니 얼마나 생소했을까 싶다. 우린 그때부터 엄마와 딸로 다시 알아가기 시작했다. 그 사이 가족으로 엮어진 사위랑 외손주까지 끼여서 말이다.

엄마는 존재만으로도 나에게 힘이 되었다. 어렸을 적 내 소원은 '엄마랑 같이 살기'였으니 '엄마'라고 부르기만 해도 행복했다. 하지만 엄마는 내가 상상 속에서 그리던 모습이 아니었다.

자기 자신은 없고 시장 점포 주인이 시키는 대로 살아온지라 자신의 의견은 말하지 못했다. 평범한 외식조차 없었던 엄마에게는 나와의 삶에서 모든 것이 신세계였다. 오랜 시간 세상과 단절되어 깊은 산속에서 살다 내려온 사람처럼 말이다.

어린아이를 대하듯 엄마에게 말했다.

"엄마. 부당하다는 생각이 들면 속으로 끙끙 앓지 말고 편하게 이야기해도 돼."

"엄마 글 모르는 거 부끄러워하지마. 지금 이렇게 공부하면서 알아가는 것만으로도 엄마 잘하고 있어!"

"엄마, 우리 팔자 탓하지 말고 같이 잘살아 보자." 엄마에게 긍정의 마음과 좋은 에너지를 드리기 위해 노력했다. 나와 가장 친한 친구인 '원희' 이름도 알려 주고 아이들과 같이 시장가서 따뜻한 국수 한 그릇 먹는 소소한 일상을 보냈다.

엄마를 긍정의 에너지로 끌어내기 위해 때론 버겁기도 했지만 어느새 우리는 같은 공통 분모로 평범한 행복이 스며들고 있었다.

내 나이 26살에 아이 엄마가 되어 엄마와 다시 만났지만 9살의 경미로 돌아가 엄마에게 투정도 부리고 수다도 떨며 우린 다시 삶의 추억을 쌓아갔다.

슬프고 굴곡진 인생 그림자를 가진 엄마였지만, 이제는 푸근한 인상으로 점잖고 주름살조차도 멋스러운 60대 후반을 보내고 있다.

20년 전 엄마를 대할 때면 조심스러웠다. 아픈 인생을 살아온 엄마에게 상처를 줄까 봐 뭐든 한 번 더 생각하고 말했다. 이제는 여느 집 엄마와 딸처럼 싫은 소리도 하고 미안하다고 말하기도 하면서 마음을 전하는 현실 모녀가 되어가고 있다.

엄마!

나는 엄마가 손이 오그라들고 다리를 절룩거려도 그것이 세상에서 가장 멋진 흔적이라고 생각해. 말이 좀 어눌하고 기억을 좀 못하면 어때? 나는 엄마의 그대로의 모습이 좋아. 내 엄마라서 너무 감사해.

우리 지금처럼 어렵고 힘든 일이 생기면 같이 '영차'하고 이겨가며 살아요.

사랑해. 엄마!

06

최영혜

김금옥 여사님

"그래. 어디고? 밥 먹었나? 차 조심하고, 운전 조심하고."

"테레비가 와 안 나오노? 잘 되다가 이칸다."

"니 이거 봤나? 분명히 잘 놔뒀는데 이게 어디 갔노? 참말로 환장하겠데이."

엄마가 전화 오면 늘 하는 말이다. 엄마는 늘 뭐가 잘 안될 때, 뭘 못 찾을 때 나에게 전화를 하신다.

글을 쓰는데 왜 이리 눈물이 날까?

엄마라는 존재는 뭐든지 미주알고주알 다 얘기할 수 있고 금방 보고 와도 돌아서면 또 보고 싶은 그리운 존재인데, 난 엄마랑 도란도란 얘기를 많이 못한 것 같아 마음이 아린다.

엄마의 "어디고?"라는 말은 "딸의 도움이 필요해."라는 뜻이 아닐까?

엄마의 "어디고?"는 "너는 잘 할 거야. 너를 믿는다. 네가 든든하다."

라는 뜻이 아닐까?

가족 모임을 하거나 식사를 하면 엄마는 늘 가족들이 다 먹어갈 때쯤 자리에 앉는다. 가족들이 식사할 동안에는 이리저리 왔다 갔다 하시면서 부족한 반찬을 채워 주시거나, 미처 완성하지 못한 반찬을 만들어 오신다.

음식은 따뜻할 때 가족들이 함께 먹어야 하는데, 엄마의 식사 시간은 늘 마지막이고 혼자 드신다. 엄마의 식사 시간은 늘 외로워 보인다. 가족들과 함께 도란도란 이야기를 하며 웃음꽃이 피는 밥상에 편하게 앉아 식사하시는 모습을 보고 싶다.

그러고 보니 나도 식사 시간이 되면 가족들을 먼저 챙긴다. 남편, 승윤이, 소영이 밥을 떠서 상을 차리고 편하게 먹으라고 생선 가시 발라주며, 식구들이 편히 먹을 수 있도록 준비를 다 해 주고 나서야 내 수저를 든다.

엄마도 나처럼 음식이 따뜻할 때 가족들을 먼저 먹이고 싶었나 보다. 좋은 건 늘 남편 먼저 아이들 먼저였다. 나도 모르게 엄마를 닮아 있다.

앨범 사진에서 본 엄마의 젊은 시절 모습은 건강하고 풋풋했다. 어릴 때 나는 엄마가 일하는 곳에 매일 갔다. 엄마랑 서문시장, 번개시장도 늘 함께 갔다. 우리 엄마는 노래 부르는 것도 좋아하고 맛있는 거 먹으러 가는 것도 좋아하는데, 지금은 나이가 들어 허리도 아프고 다리도 아파서 구부정하게 서 있는 모습을 볼 때마다 마음이 아프다. 엄마의 살아온 세월이 얼마나 힘들고 고단했을까 싶다.

난 기억에 없지만 내가 어릴 때 아버지는 외국에 일하러가서 일 년에 한 번씩 오셨다고 했다. 엄마 혼자서 언니, 오빠, 나를 키우느라, 얼마나 외롭고 무섭고 막막했을까? 서러운 일도 많았겠지?

내가 엄마의 엄마라면 이렇게 말하고 싶다.

금옥아, 이제는 니 생각만 하고 살아.

그래도 돼.

너는 충분히 그럴 자격이 있어.

충분히 잘 살아왔어.

수고했다 금옥아.

잘했다 금옥아.

넌 존재만으로도 충분히 귀하고 사랑스럽다

남편도 자식도 훌훌 털고, 이제는 오롯이 김금옥 너를 위한 삶을 살아.

행복은 대단한 것이 아니야.

그냥 지금 이 순간 웃고 최선을 다해 즐기는 것이 행복이야.

오늘이 마지막인 것처럼 하고 싶은 거 하고, 먹고 싶은 거 먹고, 보고 싶은 거 보면서 살아.

우리 금옥이 뭐 먹고 싶어?

뭐 갖고 싶어?

엄마가 금옥이가 원하는 거 다 해줄게.

엄마랑 같이하자.

금옥아, 엄마는 금옥이를 이 세상에서 가장 사랑한단다.

난 엄마가 있는데, 우리 엄마는 엄마가 없다. 그래서 글로나마 내가 엄마의 엄마가 되어 써 보았다.

엄마, 날 낳아 주고 이렇게 잘 키워줘서 고마워.

우리 웃으면서 행복하게 살자.

김금옥 여사, 사랑해.

07

신임선

짧은 편지

"그래, 잘했다."

시집살이하는 딸을 쳐다보며 엄마는 조용히 말씀하시곤 했다.

일주일에 한 번 내가 꽃꽃이 강의하러 가는 날이면 우리 집에 엄마가 오셨다. 깡마른 체구에 연세가 많으셨는데도 찌든 때가 잔뜩 묻은 세탁물을 깨끗하게 씻어 탈탈 털어 널어놓으셨다. 미처 개지 못한 세탁한 빨래들을 차곡차곡 접어두고 여기저기 집 안 청소를 문제없이 해내는, 우리 엄마는 정리 정돈의 달인이셨다.

강의를 마치고 집으로 돌아와 밥을 챙겨 드리려고 해도 딸이 숟가락 하나 씻는 것도 애처롭게 생각하시면서 또 음식을 차려 주셨다. 음식을 맛깔스럽게 뚝딱해내는 솜씨도 최고였다. 당신이 해 주신 음식을 맛있게 먹는 우리를 보며 즐거워하셨다.

외손자 둘을 양팔에 한 명씩 뉘여 "오른쪽 젖가슴은 혁수 꺼, 왼쪽 젖가슴은 혁준이 꺼." 하면서 잘 돌봐주셨다. 딸 집에서는 하룻밤도 주무시지 않고 사위와 시댁 어른이 오시기 전에는 집으로 가셨다. 두 아들은 외할머니가 집으로 가실 때마다 엉엉 울었다.

"엄마. 왜 외할머니는 우리 집에서 자면 안 돼? 외할머니랑 더 있고 싶단 말이야. 외할머니 다시 오시라고 해 줘."

어린 것들이 나를 울린 적이 한두 번이 아니었다.

나 어릴 때 엄마 모습은 너무나 곱고 예뻤지만, 살이 빠진 엄마를 생각하면 마음이 아팠다. 육 남매 키우시면서 엄마는 자식들을 사랑하는 것 말고는 아무것도 모르셨다.

우리에게 베풀어주신 엄마의 사랑 덕분에 몸도 마음도 잘 성장할 수 있었다. 늦었지만, 엄마에게 고맙고 미안한 마음을 짧은 편지로 대신해 본다.

엄마, 고맙습니다.

딸은 시집살이하면서 마음공부 한 덕분에 주위 사람들에게 배려심도 나눔도 할 수 있는 넉넉한 딸이 되어 잘살고 있어요.

엄마가 외손자들 무척이나 사랑해 주셨죠. 저 역시 엄마 닮아서 그렇게 하고 있어요.

엄마 미안해요. 늘 부족한 딸에게 "맘 착하게 살면 자식이 잘 된데이." 하신 말씀 기억하면서 혁수, 혁준이 반듯하게 키우려고 했어요. 아이들은 각자 맡은 바 일들을 잘하고 있어요.

엄마, 하늘나라에서 보고 계시죠? 보고 싶은 엄마.

너무 걱정하시지 말고 평안한 마음으로 즐겁게 계세요. 사랑합니다.

08

조현주

강인한 여자들

"현주야 어디고? 집에 왔나?"

엄마는 바쁜 딸이 집에 왔는지 안 왔는지가 가장 궁금한 분이다. "집이다."라고 이야기하면 그제서야 안도의 숨을 쉰다. 가끔은 밖에서 볼 일을 보고 있을 때, 집에 들어가는 중이라고 둘러대기도 한다.

가난한 집에 맏며느리로 시집온 엄마는 제사와 시동생 뒤치다꺼리로 손에 물 마른 적이 없었다. 내가 제사 많은 맏며느리로 시집간다는 것에 말은 못 하고 속으로 딸내미 걱정이 많으셨을 거다. 아무것도 모르고 남편 따라 대구로 시집을 왔다. 시댁에 들어가 살고 보니 그제서야 엄마 품을 떠나왔구나 싶었다.

결혼 후 처음으로 친정에 갔던 날, 고속버스정류장에서 엄마와 나는 한참을 울었다. 버스 타면 1시간 남짓 걸리는 거리임에도 처음으로 엄마 품을 떠난 낯선 곳에서의 생활이 얼마나 슬펐던지. 결혼하고 아들 둘을 낳아 기르면서도 가끔씩 남편과 이야기한다.

“난 만약 딸을 낳았으면 우리 딸, 남의 집에 진짜 주기 싫을 것 같아.” 남편도 나처럼 굉장히 개방적인 사람인데 딸을 낳으면 보수적인 아빠가 될 것 같다고 대답했다.

우리 엄마 마음은 어땠을까?

50대 중반을 넘어서서 조금씩 나를 돌아봤다. 성악과 영어를 배우고 있는데 앞으로 더 배우고 싶은 것이 한두 가지가 아니다. 엄마의 50대 중반 모습이 떠오른다. 한복을 맞춰 입고 한춤을 배우러 간다고 했다. 친정 아빠를 따라 고향으로 낙향했을 때도 에어로빅을 배우러 다니고 군 대표와 도 대표 실버 에어로빅 대회에 나가 상도 타고 여기저기 봉사활동도 하셨다.

그땐 그저 우리 엄마가 한춤을 배우는구나, 상을 받으셨네, 라고만 생각했다. 그러고 보면 난 참 무심한 딸이었다. 엄마의 취미생활이나 삶에 대해 눈여겨보지 않았으니 말이다.

지금 생각해보면 엄마는 끼도 많고 하고 싶은 것도 많으셨다. 젊었을 때는 꿈이 가수였다고 하니 난 아마도 엄마를 닮아 성악도 배우고 있고 노래도 좋아하나 보다. 작은 성악 콩쿠르에서 상도 탔다. 엄마의 유전을 물려받았나 보다.

몇 년 전 엄마는 황반변성이 왔다. 서울 병원에 다니시며 눈에 주사를 맞았다. 5년 뒤에는 양쪽 눈이 모두 실명한다는 이야기를 하시면서 처음으로 절망에 찬 엄마의 목소리를 들었다. “눈이 안 보이게 되면…….” 말

끝을 흐리셨다. 시력은 나빠지고 있지만, 다행히 아빠의 지극정성과 엄마의 의지로, 사는데 불편함은 없다고 한다. 작년에는 양쪽 무릎 인공관절 수술을 하셨다. 나이 든 분들이 많이 하는 수술이라 그러려니 했다. 얼마 전, 아파트 앞 놀이터에서 만난 분이 한숨을 쉬며 말씀하셨다.

"인공관절 수술, 이렇게 아플 줄 알았으면 안하는 건데."

그런데 엄마는 두 무릎을 수술하면서도 병실에서 신음소리 한번 내지 않았다고 한다. 지금 엄마는 아직도 불편한 다리를 이끌고 일주일에 세 번, 실버 봉사 활동을 하러 가신다. 지자체 사업으로 하는 실버 팀에서 식혜와 호박죽을 만들어서 팔면 인기가 좋아 금방 다 팔린다고 한다.

그런 엄마를 보면 온화함 뒤에 얼마나 강단이 있는지가 보인다.

나는 음악이 너무 좋다. 가곡에 심취해 있으면 세상이 더 아름다워 보인다. 성악을 알게 되고 공부하게 된 건 나에게 큰 축복이다. 그런데 얼마 전 20년 동안 말썽이던 턱관절 장애 때문에 성악을 못 할 위기에 처했다. 처음엔 마음이 너무 아팠지만, 나는 엄마를 닮아 강인한 사람이다. 그래서 포기하는 것이 아니라 방법을 찾고 조언을 구하고 이젠 전보다 더 열심히 성악 공부를 하고 있다.

엄마의 삶을 보면서 나도 모르게 배우고 성장하고 있다.

"현주야 어디고? 집에 왔나?" 나를 걱정해 주는 엄마의 말을 들으며, 때론 집이라고 둘러대며, 서로 울고 웃으며, 엄마의 강인함을 삶에서 녹여내며 지금처럼 엄마와 행복하게 잘 살아낼 것이다.

09

최경순

인고의 세월이 행복으로 돌아왔다

"순아, 뭐하노?"

엄마의 전화다.

"엄마, 무슨 일 있어?"

"그냥 우리 순이 뭐 하는지 궁금해서 전화 해봤다."

"우리 엄마 내 목소리 듣고 싶어서 전화했구나."

"그래. 니가 있어서 내가 참 든든하고 고맙다. 고생이 많지? 미안하다."

엄마의 마음이다.

엄마가 나에게 미안하다고 얘기할 때마다 내 가슴은 미어진다. 42세에 혼자가 되어 5남매 키우신다고 고생은 당신이 다 하셨는데, 맏딸에게 늘 맘이 쓰였나 보다.

40여 년간 홀로 산 세월이 외롭고 힘들었을 텐데 그때마다 엄마는 나에게 의지를 많이 했다. 연세가 80이신데도 불편한 몸으로 새벽 교회에 가서 5남매를 위해 기도하신다. 오늘도 5남매의 안전과 행복을 위해 기도하고 오셨기에 나는 엄마에게 늘 고맙고 감사하다.

엄마는 인공관절 수술 후에도 밭일을 많이 하셔서 몸이 망가지셨다. 유모차 없이는 제대로 걷기가 힘들다.

내가 글을 쓰고 있는 이 시간은 엄마가 아침을 드실 시간이다. 가을 농사 다 짓고 나면 "순아, 가을걷이 갖고 가래이." 하신다.

엄마는 성품이 온순하다. 집에 손님 오는 걸 좋아하시고 잘 웃으신다. 그런 엄마를 나도 닮은 듯하다. 옛말에 콩 한 쪽도 나눠 먹으라고 했다고 항상 나눠 주기를 좋아하신다.

엄마는 나보고 학교 선생님이 됐으면 좋겠다고 했다. 그 소망은 이루어지진 않았지만, 교회에서 주일학교 선생님을 하고 있다. 하하.

이제는 엄마가 환해졌으면 좋겠다. 5남매 모두 다 가정을 이루었고 이제는 손주, 손녀들이 결혼할 나이가 되었으니 엄마는 복 많은 사람이다. 5남매 낳아서 16명의 식구를 얻었으니 복이다. 인고의 세월이 행복으로 돌아왔다.

엄마, 한 몸 챙기기도 힘들었을 텐데 우리 잘 키워줘서 고마워요.
이제는 밭일 그만하셨으면 좋겠어요.
엄마 하고 싶은 거 하면서, 드시고 싶은 거 드시면서 사셨음 해요.
지금까지 우리 곁에 계셔 주셔서 너무너무 감사하고 사랑합니다.

"순아, 니가 해낼 줄 알았다. 너는 어렸을 때부터 책임감이 강해서 뭐든지 잘하리라 믿었다. 우리 딸 최고다."

엄마의 목소리가 들리는 듯하다.

10

이숙현

단어만으로도 눈물이 나는 명사

"사랑한다, 우리 딸."

내 나이 마흔을 훌쩍 넘기고 나서 처음 듣는 말이었다. 엄마가 내게 이렇게 이야기해주기를 오랜 시간 동안 기다려 왔는지도 모르겠다. 그런데 낯설고 이상한 기분이 든다. 이제는 지칠 대로 지쳐 이렇게 지낼 수 없다는 나만의 생존전략을 세우고 엄마에게 '더 이상 제게 함부로 하지 마세요.'라는 말을 한 지 얼마 되지 않았을 때였다.

나는 '감정의 쓰레기통'이었다. 어린 시절, 고지식하고 융통성 없는 아빠의 무한한 형제 사랑에 몸도 마음도 경제적으로도 지치고 힘든 엄마의 푸념이 발단이었다. 이유를 정확히 알지 못하는 부모님의 싸움 뒤에는 끝없는 두려움이 몰려와 늘 웅크리고 앉아있었다. 나는 엄마의 울먹이는 이야기를 듣고 어쩔 줄 몰라 하며 "울지마, 엄마."라고 말할 수밖에 할 수 없었던 무기력한 존재였다.

엄마가 나이가 들면서는 "내가 딸이라곤 너 하난데 어디 가서 이야기하니? 이야기하고 나니까 속이 시원하다."라며 나 아니면 안 된다는 나름의 당위성까지 부여하면서 나에게 당신의 감정을 쏟아낸다. 듣고 또 들어서 다음 말을 예상할 수 있는 이야기들.

"엄마. 예전 일은 잊고 이제는 신경 쓰지 마. 좋았던 이야기도 좀 해보면 안 돼?"

"나도 생각 안 하고 싶지. 그래도 자꾸 생각이 나서 힘든데 어떡하니? 내가 좋았던 적이 있니?"

그래도 여느 엄마들처럼 열심히 살아온 우리 엄마다. 넉넉하지 않은 살림살이와 양어머니를 모시고 사는 공무원에게 시집와서 아이 둘 낳고 살면서 빠듯한 살림살이를 야무지게 일구며 열심히 또 열심히 사셨다. 학교에서 돌아오면 항상 엄마가 맞이해 주고 아침이면 따뜻한 식사로 하루를 시작하게 해주었다(엄마가 된 나는 이제서야 엄마가 준비해 주었던 아침 식사에 고마움을 느낀다).

한 벌의 옷만 입고 또 입던 엄마. 멋쟁이 엄마였으면 좋겠다는 철없던 생각은, 고단했을 엄마의 삶에 대한 애틋함으로 바뀌었다.

아침이면 거의 매일 엄마와 전화 통화를 한다. 동생이 결혼하고 나서 엄마의 푸념이 추가되었다.

"아들이나 며느리나 똑같아. 전화 한 통이 없다." 매일 전화하기를 바라는 엄마의 이야기는 내가 듣기에도 말이 안 되는 억지였다. 엄마의 모든 말을 무조건 들어 주어야 하는 맏딸의 운명 같은 것일까? 하지만 바쁘다는 핑계로 엄마에게 자주 전화를 드리지 못하는 나를 반성하게 되었다. 연로하신 부모님께 매일 아침 안부 전화하는 착한 딸이 되어 보기로 했다. 변함없이 엄마의 푸념과 나무람이 고스란히 전해졌다. 매일 반복되는 일상이었다.

언제나 그렇듯 엄마는 아들한테는 한마디도 못 한다. 해외로 파견근무 간다는 아들의 통보로 인한 섭섭한 마음 때문이었을까? 한동안 잊고 지내던 짜증과 울분의 폭탄을 내게 마구 떨구었다. 일주일쯤 지났을까. 더 이상은 견디기 힘들었다. 나도 살아야겠다는 생각이 들었다. 지난 세월이 서러웠다. 더 이상 엄마의 감정을 받아내는 쓰레기통 역할은 안 하겠다고 말씀드렸다.

어쩔 수 없이 엄마의 고된 인생사를 고스란히 듣고 자란 나는 내 아이에게만은 푸념하는 엄마가 되지 말자, 아이를 감정의 해소 도구로 쓰지 말자고 결심했다. 그렇지만 가끔은 알 수 없는 나의 자격지심이나 결점이 아이에게 투영되는 순간, 참지 못하고 아이들에게 하나하나 지적하고 화를 내기도 한다.

어느 날 아이가 이야기했다.

"엄마는 내가 엄마를 얼마나 사랑하는지 몰라요. 엄마가 나를 사랑하는 것보다 내가 더 엄마를 사랑해요." 머리가 띵, 했다. 그랬다. 아이는 엄마를 무한하게 사랑한다. 아무 조건 없이, 엄마니까 말이다. 나도 어린아이였구나.

나의 거센 거부로 상처받았을 엄마가 걱정되기도 했지만, 지금은 내가 살아야 했다. 며칠이 지나지 않아 딸네 집에 오는 게 편치 않다던 부모님이 오랜만에 집으로 찾아오셨다. 마음속에 섭섭한 것들을 조금씩 풀어냈다. 이야기하는데 설움이 복받쳐 엉엉 울었다. 엄마가 미안하다고 이야기했다. 하지만 이 순간뿐이라는 생각이 들었다. '사랑한다'는 이야기를 듣는 순간 우리 사랑이 지금은 서로 닫지 않아 슬프다는 생각이 들었다.

시간은 상처를 치유하는 묘약이다. 나를 사랑하지 않는 자, 누구를 사랑한다 한들 온전할 수 있겠는가?

나를 돌아보는 시간을 가졌다. 라디오에서 흘러나오는 이야기와 음악이 위로되었다. 나도 모르게 끌리던 도서관의 책들이 머릿속을 정리해 주고 유튜브 속 이야기들이 마음을 달래주었다. 변함없이 자리를 지켜주는 남편과 아이는 내게 큰 힘이 되어주었다. 마음속, 머릿속이 정리되고 다시 돌아온 일상에는 평화의 기운이 감돈다.

"사랑한다, 우리 딸."

"나도."

외로운 엄마의 인생에도 행복이 찾아왔다. 캐나다로 이민 갔던 이모가 10년 만에 귀국하여 4개월 정도 함께 지내고 계신다. 오랜만에 동생과 지내시면서 그동안 못다 한 이야기를 하고, 여행을 다니며 이전보다 건강하게 보내고 계셔서 좋다. 아무리 내가 오랜 시간 푸념을 들어준다 해도 나는 줄 수 없는 행복이다.

엄마, 엄마는 이렇게 내 옆에 있어 주는 것만으로도 충분해. 그동안 열심히 사느라고 애쓰셨어요. 보고 싶으면 보고 싶다고 사랑하면 사랑한다고 아끼지 말고 표현하면서 우리에게 주어진 시간을 보내요.

다음 생에는 내 딸로 태어나주면 좋겠어.

내가 정말 많이 사랑할게.

11

이상희

엄마에게 해주고 싶은 이야기

"잘 있지? 애들도 잘 있고? 차 조심하고 아프지 말고 끊을게."

엄마의 전화는 항상 일방통행이다. 할 말만 하시고 끊으신다. 전화세 올라간다고.

디지털 튜터가 직업인 막내가 요금은 무제한이라고 그렇게 이야기 했는데 항상 똑같이 말씀하신다.

엄마에게 나는 아직도 마냥 아이로 보이나 보다. 육 남매의 막내인 나는 정말 많은 사랑과 예쁨을 받고 자랐다. 늦둥이다 보니 모든 사랑이 다 나에게 왔던 것 같다. 어른이 되어서도 듣는 '차 조심하라'는 엄마의 말이 좋다. 그 걱정이 좋다. 유일하게 나를 걱정해 주는 존재인 엄마가 아직 내 곁에 있다는 것만으로도 참으로 감사하다.

어렸을 때 엄마는 늘 모든 사물을 눈에 가까이 대고 보셨다. 그리고 자주 걸려 넘어지기도 하셨다. 때론 차가 오는데도 차도를 걷는 위험천만한 행동도 하곤 하셨다. 성격이 꼼꼼하시기도 하고 급하시기도 해서 그런가 보다 했지만, 성인이 되어서야 그 사실을 알게 되었다. 엄마는 선천성 백내장으로 흐린 시력을 가지고 태어나셨다는 사실을.

20년 넘게 그걸 숨기고 사셨다. 자식들에게 보여주고 싶지 않으셨던 거였다. 엄마의 약함을 숨기시고 이면에는 엄마의 강인함을 보여주려고 하셨다.

지나고 보면 엄마는 늘 그랬다. 정상인 눈을 가지고 있다는 듯 주변은 항상 정리 정돈이 되어 있었고 부지런하셨다.

왜 사랑하는 가족에게조차 도움의 손길을 내밀지 않았을까?

마음이 아려온다.

하지만 그런 엄마의 모습을 보고 자란 나는 깔끔함, 정돈됨이 자연스럽게 몸에 배어있다. 아들 셋을 키우고 있지만 전혀 분주하지 않은 주변 환경을 유지하고 있다.

사실 다들 그렇게 사는 줄 알았다. 그냥 평범한 일상이라고 생각했지만 다 그렇지 않더라는 것. 엄마의 좋은 영향력이 나에게는 큰 자부심이 되었다.

엄마의 세월은 나를 쑤신다. 정말 고생을 많이 하셨던 것 같다. 아빠는 새로운 일을 벌이시고 뒷일을 감당하는 건 엄마였다. 어느 날 아버지가 젖소를 20마리 구입해서 농장 일을 하자고 하셨다. 또 어떤 날은 엄청난 땅을 사서 나무를 심어 팔자고 하셨다. 모든 일을 엄마가 처리해야 했다. 밤만 되면 앓는 소리가 났다. 날이 밝아오면 또다시 힘겨운 하루를 맞이하셨다. 그래도 한 번도 자식들에게는 일을 시키지 않으셨다. 엄마의 희생이 안타깝다는 생각이 든다.

비록 세월이 많이 흘러 이제 완전 백발의 할머니가 되었지만, 엄마의 삶을 찾았으면 좋겠다. 그리고 묻고 싶다. 옛날에 힘들지 않았냐고. 어떻게 그 세월을 견뎠냐고. 무슨 생각이 들었냐고.

"엄마가 힘드니까 이건 네가 해." 이제라도 엄마에게 듣고 싶은 말이다.

엄마,
긴 세월 동안 육 남매 키우느라 정말 고생 많았어.
곱디고운 얼굴에 새겨진 자글자글한 주름들이 엄마의 세월을 말해주네.
그 주름들 늘어나지 않게 엄마에게 더 잘할게.
사랑하고 감사해.

엄마의 일방통행 전화가 그리워진다.

12

임윤진

아름다운 사람이길

"윤진아, 엄마도 하는데 너는 엄마보다 시간이 더 많잖아. 충분히 할 수 있어. 엄마는 네가 약하다고 생각 안 해. 강하니까 지금까지 버틴 거야. 그러니까 앞으로도 이겨낼 수 있어."

엄마의 "할 수 있다."라는 말이 손목, 발목에 모래주머니를 차고 다니듯이 무겁게 들릴 때가 있다. 그래도 나에게 희망적인 메시지로 북돋아 주고 긍정적인 에너지를 샘솟게 만들어 주는 건 엄마밖에 없다.

몇 년 전부터는 나의 모습과 엄마의 모습이 교차되면서 엄마의 행동, 말들이 하나하나 이해가 되기 시작했다. 자유롭고 즉흥적인 영혼의 엄마와는 달리 계획적이고 안정적인 삶을 좋아하는 나는 틀에 갇혀 좁은 세상만 볼 수 있었을 수도 있는데 엄마 덕분에 넓은 시야와 밝고 긍정적인 마인드의 소유자가 될 수 있었다.

엄마의 신혼여행 사진에서 백설기같이 하얗고 뽀얀 피부의 엄마를 보았다. 내가 너무 부러워할 만큼 풋풋하고 예뻤던 엄마가, 언제부턴가

혈색이 변하기 시작하면서 내 피부보다 더 까매졌다. 살이 쏙 빠진 모습을 보며 엄마의 세월도 많이 흘렀다는 걸 체감하였다.

엄마의 세월은 미어진다. 나의 슬픔도 이렇게 참기 힘들고 괴로운데 엄마의 지난 20년 세월은 얼마나 힘들었을까. 지난 세월 엄마의 아픈 상처들이 내 가슴 한편에 자리 잡고 있다.

엄마가 환하게 눈부신 삶을 사는 사람이 되었음 좋겠다. 엄마의 예전 모습을 되찾아 주변 사람들에게 좋은 에너지를 주며 빛이 나는 아름다운 사람이면 좋겠다. 가끔은 쉬어가도 된다고 말해주고 싶다.

"예쁜 카페 돌아다니며 데이트하고 오자."라는 말을 엄마가 먼저 건네 줄 날을 기대한다.

엄마,

나의 밝음과 긍정의 에너지는 엄마를 닮았어요. 힘들었던 나를 끄집어내 줘서 너무 고맙고 내 곁에 있어 줘서 너무 감사해요. 우리 서로 아끼는 만큼 스스로에게도 칭찬해 주며 많이 사랑해줘요.

항상 많이 사랑해요.

13

최지수

마음은 그게 아닌데

"지수야, 김치 보냈는데 먹어봤니? 어때, 맛 괜찮니?"

뜬금없이 받은 엄마의 택배가 한겨울 손난로처럼 따뜻하다. 고등학교 때부터 엄마와 떨어져 살았던 나에겐 가끔 오는 엄마의 택배가 외로운 서울살이에 위로가 된다.

핸드폰을 손에 들고 동네 언니, 동생과 함께 에어로빅이며 댄스며 배우러 다니면서 사람들 앞에 나서서 무엇이든 뽐내는 것을 좋아하는 엄마의 모습이 떠오른다. 많은 것을 포기하며 쉽지 않은 삶을 살아온 엄마에겐 그 잠깐의 시간이 오직 엄마를 위한 단비 같은 시간이 아닐까.

소위 말하는 '오지랖이 넓은 사람'인 엄마의 딸인 나는 엄마를 닮아 친구들이 내가 필요할 때 언제든지 달려가는 '의리파'면서 자칭 '믿을 수 있는 친구'로 자랄 수 있었다(하지만 친구들과 함께 춤을 추고 공연하는

'인싸'의 삶을 사는 엄마는 내가 도저히 닮을 수 없는 부분이다).

내가 기억하는 엄마는 갈색 파마머리에 예쁘게 차려입는 것을 좋아했고 까랑까랑한 목소리에 가끔 떨어지는 불호령이 무서웠다.

세 딸이 전부 타지에 살고 있어서 일 년에 네다섯 번 정도 보는 엄마는 옛날 모습 대신 현란한 등산복과 나는 절대로 소화할 수 없는 빨간색 바지를 휴양지 패션으로 입는 아줌마가 되었다.

엄마의 세월이 나에겐 참 아릿하다.

서울에서 멋있는 커리어 우먼으로 살고 싶었다던 엄마는 잠깐의 서울 생활을 뒤로하고 아빠를 따라 아빠의 고향으로 내려왔다.

하고 싶은 것 많던 엄마는 빨간 벽돌을 파는 아빠의 일을 돕고 떡볶이 장사를 하고, 어디 하나 안 아픈 곳이 없어 주말마다 이 병원 저 병원을 순회하면서도 우리 가족을 위해 일을 했다.

이제 나는, 엄마가 웃음을 잃지 않고 사는 것을 바란다. 지금처럼 동네에 많은 언니, 동생들과 어울려 열정적으로 살았으면 좋겠다.

"이번엔 어떤 것 같아? 엄마가 가장 잘 추는 것 같지 않아?" 춤춘 영상을 나에게 보여주며 웃는 엄마의 얼굴이 언제고 계속되기를 바란다.

"지수야, 오늘 저녁에 엄마 친구들이랑 모임 있어. 저녁 먹고 올게."

앞으로도 계속 듣고 싶은 엄마의 말이다.

엄마, 전화할 때마다 짜증 내며 말해서 미안해. 마음은 그게 아닌데, 전화만 하면 자꾸 말이 나쁘게 나가네. 조금 예쁘게 말할 수 있도록 노력할게.

엄마, 앞으로도 계속 웃으면서 살았으면 좋겠어. 행복했으면 좋겠어.

항상 고맙고 미안해.

14

유선주

사계절을 닮은 존재

내가 어릴 적부터, 아니 성인이 된 한참 후에도 엄마는 나를 "우리 애기."라고 부르셨다. 그리고 한 번씩 나의 정체성과 삶의 지혜를 일깨워주시는 말씀도 해주셨다.

"우리 선주가 있으면 모든 상황이 편안해져."

"사람은 한 우물을 파야 해."

"구슬도 꿰어야 보배란다."

지금 생각해보면 엄마는 힘든 삶을 통해 깨달은 것들을 말로 풀어내셨던 것 같다. 그리고 나는 그런 말들을 몸과 마음에 새기고 있다.

많은 이들이 그렇듯 엄마라는 단어를 떠올리면 먼저 가슴이 뭉클해진다. 그 크기를 가늠할 수 없을 정도로 커다란 사랑 때문일 것이다. 집에서 막내이다 보니, 온 가족의 사랑을 독차지했다. 애벌레가 나비가 되듯, 나는 안전한 가정의 울타리를 벗어나 자유롭게 살고 싶어 했다.

한 번은 주말에 부모님 댁을 다녀가는 길에 버스 안에서 한 이미지가 떠올랐다. 깊고 깊은 긴 항아리 안에 날아가고 싶지만 하늘이 너무나 멀게 느껴져 눈만 깜빡이는 작은 애벌레의 모습이었다. 바로 나의 모습 같았다.

평생 엄마 아빠 곁에서 알콩달콩 살고 싶은 마음을 가진 적이 있었다. 지금도 그런 생각을 하면 기분이 좋지만, 여전히 자유를 꿈꾸는 나이다.

내 엄마는 강하면서도 약하다. 억척같고 고집스러우면서도 부드럽다. 삶에 열정적이며, 풍성한 먹을거리를 내주는 너그러운 대지를 사랑하는 분이시다. 안경사의 중매를 뿌리치고 땅이 좋아 농사짓는 아빠에게 시집을 오셨다고 하셨으니까. 너무나 땅을 사랑하신 것 때문인지, 일 욕심이 많으셔서인지, 살림 밑천이라고 여겨지던 장녀여서인지, 당신께서는 항상 어릴 때부터 일복이 타고났다고 넋두리하셨다. 하지만, 편안하게 남편 그늘 아래서 살림만 하며 사는 부인들을 부러워하셨다. 은연중에 툭툭 내뱉으시는 말들을 나는 어릴 때부터 기억한다.

시골 마을의 한 종갓집 외며느리였던 엄마는 살림 손이 크셨다. 사람들을 좋아하는 아빠 덕분에 집은 항상 사람들로 북적였고 엄마는 손님들 수발을 드셨다. 늘 잔걸음을 치시던 엄마의 모습이 아직도 아련하다. 나는 엄마를 닮지 않았다고 생각했다. 하지만 결혼 생활을 하는 지금, 곳곳에서 엄마의 행동이나 말들을 복사하고 있는 나다.

엄마.

한겨울 난롯가에서 꽁꽁 언 손을 사르르 녹이고 있는 듯한 느낌을 주는 단어.

봄이면 새싹이 돋고 가을이면 풍성한 열매를 맺듯이 사계절의 자연을 닮은 존재.

엄마,

여생은 이제 편안하고 여유롭게 지내면 좋겠어.

사랑해 그리고 미안해.

아직도 나에 대한 기대가 많지만 여기 멀리 제주도에서 당당히 한 독립체로 잘 살아가고 있어. 특별하고 오롯한 선주인 나로.

엄마도 엄마를 위한 삶을 일궈가길 바랄게.

엄마는 소중하니까.

15

김민주

언제나 내 편, 울 엄마

"민주야, 너 진짜 괜찮겠어? 엄마가 도와준다고 해도 생각보다 힘들 거야."

'생각보다 힘들 거야'라는 엄마의 말에 죽는 것보다 나을 테니까 걱정하지 말라고 울면서 소리쳤다.

가족을 위해 엄마의 인생을 포기하고 나이 70이 넘도록 내 옆을 지켜주는 신호등을 닮은 엄마! 빨간 불과 초록 불을 정확하게 알려 주는 엄마 덕분에 지금까지 잘 살아왔다. 엄마의 희생 덕분에 나는 싱글맘을 선택할 수 있었고, 아들에게도 아낌없는 사랑을 베풀 수 있었다.

나의 어린 시절을 떠올려 본다.

새벽부터 농사일을 하면서도 자식들에게 언제나 최선을 다하던 우리 엄마! 단단한 나무처럼 어떤 어려움에도 당당히 맞서며 지혜로운 삶을 살아오셨다. 삼 남매 중 세상 어디 내어놓아도 자랑스러운 딸이라고 말하던 엄마.

내가 10년 전 이혼을 선택하고, 싱글맘의 길을 걷겠다고 했을 때도 묵묵히 나의 손을 잡아주고 믿어 준 우리 엄마.

세상의 모진 풍파에도 나의 울타리가 되어 주는 엄마처럼 나도 아들에게 그런 엄마가 되겠다고 다짐해 본다.

엄마의 세월은 내 가슴을 미어지게 한다.

엄마는 17살 어린 나이에 가난한 집으로 시집와서 농사일에 파묻혀 꽃다운 나이를 보내고, 마음 놓고 나들이 한번 하지 못하고 사셨다. 아버지의 암 투병, 자식들과의 전쟁, 특히 믿었던 딸의 이혼에도 엄마는 자신을 탓하며 희생하며 살아 내셨다. 70을 훌쩍 넘긴 지금도 딸과 손자의 행복을 위해 한결같은 모습으로 사랑을 주시는 엄마를 보면 고마움과 미안함에 눈물이 난다.

언제나 자신보다 가족이 우선이었던 엄마의 삶이다. 이제는 마음의 짐을 내려놓고 엄마의 인생을 즐기면서 남은 시간 실컷 웃으면서 지내시길 바란다.

"일주일 휴가 갔다 올게. 다들 잘 지내고 있어."

집 걱정, 아버지 걱정, 자식 걱정 다 잊고 혼자만의 휴식을 선택한 엄마에게

"할머니, 이제 나 엄마 늦게 와도 혼자 잘 있으니까 걱정 말고 놀다

와." 하면서 조금씩 모은 용돈으로 할머니에게 휴가비를 주는 아들을 흐뭇하게 바라볼 수 있는 나는 참 행복한 사람이다.

누가 뭐라고 해도 언제나 내 편이 되어주는 우리 엄마!

엄마가 내 엄마라서 너무 좋고, 나의 상처까지 안아 주고 우리 아들에게도 늘 따뜻한 할머니가 되어 줘서 고맙고 사랑해.

그리고 항상 미안해.

이제는 엄마의 남은 인생 행복할 수 있도록 내가 엄마 편이 되어 줄게.

언제나 내 편, 울 엄마!

지금, 이 순간 내 옆에 계셔 주셔서 감사합니다.

16

이정숙

아프고 아린 것을 숙성시키다

“정숙아, 종암이 대학 등록금 우짜꼬? 전세 빼서 사글세로 바꿀까? 니 시집갈 때 쓸 돈인데 어미로써 면목이 없다. 니 하자는 대로 하꾸마.”

구미 직장에서 돌아오니 시골에서 엄마가 와 계셨다. 좀처럼 오시지 않은 엄마가 오신 것이다. 3살 아래 남동생의 대학 등록금이 나왔기 때문이다.

“전세 빼서 동생 대학 보냅시다.” 나의 단호한 대답에 그럴 줄 알았다는 듯이 환하게 웃으시며 “그래. 우리 한번 열심히 해보자.” 하시고는 시골로 총총히 내려가셨다.

부모님은 소 키우는 일, 농작물을 수확해서 5일장에 내다 파는 일, 고사리나 나물을 말려서 도회지로 파는 일들을 하셨다. 새벽같이 산으로 밭으로 일 나가시고 절약하는 엄마의 삶을 닮아서인지 나도 새벽 4시면 일어나 하루를 시작한다.

엄마를 생각하면 아프고 아리다. 글로도 말로도 표현하는 방식이 서투르다 보니 당신 삶에 때로는 원망스러운 기억도 있다. 하지만 그런저런 환경에서도 가정을 떠나지 않으신 93세 엄마의 아픈 삶을 이해하며 치유 받으려 한다. 책 읽고 공부하는 시간, 남편과 손잡고 산책하며 대화하는 시간을 통해 엄마의 희생과 인내를 기억하기도 한다.

이렇게 성숙되어지는 우리들의 미래는 눈부시게 밝다. 아들과 며느리 딸, 사위, 앞으로 태어날 손자 손녀들과 눈부시게 밝고 맑은 삶을 살아 낼 힘이 생겼다.

"엄마 고마워요. 집 나가지 않고 죽지 않고 살아주셔서요. 아프고 아린 그 마음을 알아주지 못하고 원망하며 보낸 잠시의 시간도 미안합니다. 늘 제 가슴속에 계시는 당신을 사랑합니다."

17

송태순

글을 쓰니 엄마가 보이더라

"태순아? 연락 좀 해라." 엄마가 항상 나에게 하시는 말씀이다.

"무소식이 희소식이잖아." 나는 덤덤하게 대답하곤 했다. 엄마 입장에서 생각해 보면 딸의 생활이 궁금한 것이다. 아픈 데는 없는지, 잘 있는지, 당신 딸에 대해 알고 싶은 것뿐이라는 걸 이제는 안다.

이제는 나도 내 아들을 키우고 떨어져 지내는 상황이 되어 보니 엄마 마음이 충분히 이해된다. 자식은 부모를 닮는다고 했던가? 나랑 똑같이 연락하지 않는 아들의 모습이 영락없이 나다. 그런 행동은 닮지 않아도 되는데 말이다. 자업자득이라는 말이 생각난다. 내가 뿌리고 내가 거두었구나. 나의 행동에 책임을 져야 하는 오십을 넘기고 보니 나의 습관을 알게 되었다.

글을 쓰며 나의 행동을 돌아보는 시간을 가졌다. 엄마에게 전화도 자주 하지 않았고, 엄마의 삶을 이해하는 것도 부족했고, 엄마가 원하는 것을 들어주지도 않았다. 그래서 엄마를 생각하면 미안한 감정이 제일 많다.

부지런한 우리 엄마는 항상 정리가 안 되고 일이 느려서 집안일이 어설픈 나를 걱정하고 궁금해했다. 나는 아버지를 닮았고, 내가 보는 우리 엄마는 서구적인 이목구비에 하얀 피부, 상대와 소통도 잘하는 요즘 시대에 딱 맞는 성격의 소유자이다. 그런 엄마를 어릴 때는 닮고 싶었다. 어느새 엄마는 75살이 되었고, 그 예쁜 피부가 주름이 져서 속상해하는 엄마를 보고 있으면 마음이 아프다. 엄마는 7공주의 맏딸이라 꿈도 많고, 하고 싶은 것이 많은 의욕적이고 도전적인 활동가였는데 이제는 나이가 들어 작아진 엄마를 보면서 속상하고 미안하다. 엄마를 작게 만든 세월이 야속하다고 표현하는 게 정확하겠다.

어려서 본 엄마는 뭐든 해내는 슈퍼우먼이었다. 나이가 들어 지금은 힘이 없어 자식에게 의지하고, 전화를 기다리고, 여린 엄마가 되어 있지만 말이다. 과거의 활발한 엄마는 어디로 가고 이제는 내가 엄마를 닮아 생각과 감정을 거침없이 표현하는 제2의 엄마 분신이 되었다. 꿈을 이루겠다는 확신과 용기도 가지고 있다.

엄마가 가진 용기와 자신감이 나를 통해서 잘 드러나고 있다는 것을 글을 쓰면서 알게 되었다. 엄마는 아들 한 명, 딸 세 명을 엄마는 하나같이 잘 키우려고 희생과 사랑을 쏟았다. 내가 대학을 처음 떨어졌을 때는 나의 아쉬움보다 엄마의 속상함이 더 커서 한없이 미안했던 기억이 있다.

통금 시간이 지나서 돌아오지 않은 딸을 아버지가 알까 봐 복도에서 전전긍긍하던,

결혼해서 맞벌이하는 딸이 걱정되어 손자를 키워 주셨던 엄마의 사랑이 파노라마처럼 스쳐 지나간다.

그런 내가 지금 엄마의 희생과 사랑을 잘 알고 있는 걸까?

엄마의 세월은 나를 아프게 한다. 왜냐하면 지금 엄마는 몸도 아프고, 머리도 아프고, 마음도 아프기 때문이다. 아버지는 어려서 친엄마를 여의고 새엄마 손에서 성장하셨다. 사랑을 많이 받지 못해 사랑에 인색하시다. 그래서 꿈도 많고 소통도 잘하는 엄마는 항상 머리가 아팠다. 아들만 여섯 있는 종갓집 맏며느리의 삶은 몸도 아팠을 것이다. 나이가 들어 마음이 작아지니 자식 걱정, 건강 걱정, 경제 걱정으로 한시도 마음 편할 날 없는 아픔에 나도 아프다.

지금부터라도 엄마가 바라는 것을 해주어야겠다.

오늘 글을 쓰면서 엄마의 존재를 소중히 여겨야겠음을 깨닫게 되었다.

앞으로 남은 시간은 엄마가 삶의 여유를 가졌으면 좋겠다. 이제 걱정은 내려놓고, 엄마의 시간을 즐기며 사는 여유, 앞으로의 삶이 무거운 짐이 아니라 가벼운 소풍이 되어 즐겁고, 맑고, 눈부신 모습을 기대한다.

내가 알고 있는, 내가 함께 할 수 있는 것을 엄마에게 잘 안내하고 나눠야겠다. 소중한 것이 무엇인지 알기에 말이다.

엄마, 우리를 위해 헌신하고 희생한 것은 사랑이었지?

너무 고마워.

그리고 나는 엄마한테 이 말을 듣고 싶어.

"우리 딸 장하다. 사랑한다. 엄마는 행복하다."

엄마 딸이어서 너무 다행이야.

엄마 딸로 멋지게 살아 인생의 주인공이 될게.

엄마 마음 몰라줘서 죄송하고, 이제부터라도 엄마에게 그리고 세상에 소금 같은 존재가 될게.

엄마, 너무 고마워!

18

이선정

엄마, 전화 끊지 마요

“바쁘니까 끊을게.”

내 전화를 눈 빠지게 기다리면서도 내가 바쁠까 봐 자꾸 전화를 끊으려고 하시는 엄마. 엄마가 항상 바빠서 나도 바쁠까 봐 그러시는 건지도 모르겠다.

머리에 한가득 짐을 이고 이곳저곳 물건을 팔러 다니던 엄마의 모습, 식당을 하던 우리 가게에 오시는 목사님들께 정성껏 추어탕을 대접하시던 엄마의 모습이 생각난다. 엄마는 아무리 일이 바빠도 식당에 오셨던 지인들을 그냥 보내는 일이 없었다.

집에 오는 손님들께 엄마가 식사를 대접하셨던 것을 보며 자라서인지 나도 엄마처럼 집에 오는 손님을 그냥 보내드리지 않는다. 손님들에게 내가 만든 음식을 나누고 그들이 맛있게 먹는 것을 보면 정말 행복하다. 지인들을 집에 초대해서 음식을 대접하고 나누는 것을 좋아하는 내 모습을 보며 내가 엄마를 참 많이 닮았다는 것을 느낀다.

초등학교 1학년 소풍 날 찍은 사진에서 젊었을 때 엄마 모습을 보았다. 올림머리와 예쁜 한복을 입고 우아하게 양산을 쓰고 계셨다. 이제는 예쁘게 화장을 하고 외출하시거나 주방에서 우리에게 맛있는 음식을 해 주시던 엄마의 모습을 볼 수 없을 것 같다.

일평생을 다섯 자녀를 위해 헌신했던 엄마. 지난 5월 12일 쓰러지신 이후로 걸을 수가 없어 침대에 누워 생활하고 계시는 엄마다. 이제는 입고 싶은 옷도 못 입고 다른 사람에게 음식을 대접할 수도, 우리에게 맛있는 음식을 해 줄 수도 없다. 오늘따라 요양원에 누워계시는 엄마의 모습이 자꾸 생각난다.

엄마를 생각하면 마음이 아리다. 얼굴도 모르는 아버지와 20살에 결혼을 해서 시어머니를 모시는 것뿐만 아니라 엄마의 시누이인 고모의 자녀들까지 돌봐야 했던 엄마였다. 식당 일을 하면서도 우리 다섯 남매뿐만 아니라 시골에서 전주로 유학 온 조카들의 식사, 빨래까지 다 해내며 우리 모두를 키워냈다. 그 시절의 며느리들이 다 그랬던 것처럼 단순한 시집살이로만 생각하기엔 엄마의 삶은 너무나 고달팠다.

이렇게 힘들게 살아온 엄마에게 나는 눈부신 날을 선물하고 싶다. 침대에서 벌떡 일어나 허리를 쭉 펴고 꼿꼿하게 걸으며 비행기를 타고 가고 싶은 곳을 여행하는 삶을 선물하고 싶다.

"여행 다녀올게."

엄마에게 듣고 싶은 말이다.

남편보다 자식보다 엄마 자신만의 시간을 가지는 모습을 보고 싶다.

엄마, 엄마를 위해 살지 그랬어. 좀 더 이기적으로 살지 그랬어. 하지만 엄마의 그 헌신적인 사랑 덕분에 나도 결혼해서 아들, 딸 낳고 잘살고 있음에 감사하고 또 감사해요.

힘든 상황 속에서도 이혼하지 않고 가정을 지켜줘서 정말 고마워요. 우리 다섯 남매를 위해 희생하며 살았던 엄마의 그 사랑을 기억하고 나도 잘 살게요. 이젠 전화할 때 빨리 전화 끊자고 얘기하지 말고 오래오래 통화해요.

엄마는 내가 가장 존경하는 분인 거 아세요? 엄마가 내 엄마라 정말 감사하고 고마워요. 사랑해요.

19

함윤희

엄마의 달 항아리

희수(喜壽)를 훌쩍 넘어 팔순(八旬)이 되던 해!

"올해가 엄마 팔순이에요! 여행 좋아하시니 어디 가실래요?"

"……… ."

"아님, 갖고 싶은 거나 필요한 거 있어요?"

"이 나이에 뭐가 필요하겠니?"

"그래도 평생에 한 번밖에 없는 날이니 잘 생각해보세요. 제가 다 해드릴게요"

평소에도 말수가 많은 분이 아니었지만, 식구나 가까운 친척끼리 모여서 밥 먹으면 된다느니, 친구분들 초대해서 한 끼 같이 나누겠다는 등의 말씀조차도 없었다.

'그래도 엄마 팔순인데!'

반복되는 나의 질문에 "실은 내가 오래전부터 옆에 두고 보고 싶은 게 있다."

"어머! 그게 뭔데요?"

"달 항아리."

멍한 상태로 한참 동안 엄마를 응시했다. 엄마가 갖고 싶은 물건을 말씀하신 건 처음이었는데 그게 '달 항아리'라니, 뜻밖의 단어였다.

'도대체 내가 엄마에 대해 아는 게 뭘까? 알려고는 했나?' 그 시각 이후로 무척 혼란스러워 한동안 엄마를 마주하는 것조차 민망했다.

나의 유년 시절 기억은 극명한 대비를 이룬다.

11살, 4월의 어느 봄날, 갑작스러운 아버지 장례를 마친 후에도 우리 집 앞에는 여전히 어른들이 삼삼오오 모여들었는데 한 사람씩 집 안으로 들어와 엄마를 만나기 위한 긴 줄이었다.

아버지는 무슨 연유였는지 초등학생 1학년인 나를 업어서 등교시켰고, 운동회가 열리는 매해 봄, 가을마다 새 운동복을 사 주셨다. 학교 가는 아침이면 항상 손바닥에 10원짜리 2개를 쥐여주며 친구들과 과자 사 먹으라고 몰래 소곤거렸는데 엄마는 그 말을 어떻게 들었는지 막내 버릇 나빠진다고 아버지에게 잔소리하시곤 했다.

엄마는 이목구비가 크고 또렷한 서구적인 얼굴에 키도 커서 모델로 불렸는데 음식솜씨까지 좋았다. 손이 큰 엄마는 김장해서 해마다 어려운 이웃에게 나눠주었고 동짓날에는 팥죽을 쑤고, 정월 대보름은 오곡밥과 나물을, 가을이 깊어 갈 때는 큰 시루에 팥떡을 직접 찌곤 하셨다.

김이 새 나가지 않도록 붙였던 시룻번을 엄마가 칼로 뗄 때면 포근

포근하면서 쫀득한 시루 팥떡을 먹을 요량으로 엄마 곁을 서성거렸다. 하지만, 먹기 전에 우선 해야 할 일이 있었다. 이웃들에게 떡 돌리는 일과 절기마다 음식 나누는 심부름은 막내인 내가 언제나 일 순위로 호출되었다.

그러나 아버지의 죽음 이후 엄마의 맛난 음식을 이웃들에게 나르는 심부름은 더 이상 없었고 나를 먼저 시킨다고 투덜거릴 일도 생기지 않았다.

4학년 신학기에 부모의 허락으로 시작한 학교 고적대는 아버지가 내게 해주신 마지막 선물이다. 아버지의 심장마비가 발생한 그날 밤은 마음 설레며 맞추었던 고적대 단복을 받아온 날로, 그것은 이별의 옷이 되고 말았다. 깃털 장식에다 독특한 문양이 박힌 모자와 악기는 한쪽 구석에 처박혔고 더 이상 꺼낼 일도 없었다. 친척들과 이웃 어른들은 나를 볼 때마다 이구동성으로 "우리 막내, 가여워서 어떡하냐."며 혀를 찼다.

힘든 이웃을 그냥 지나치지 못하는 아버지의 성품은 동네 사람들에게 버팀목이었을지 몰라도, 엄마가 몰랐던 아버지의 너무 많은 빚보증은 남편의 갑작스러운 죽음으로 혼비백산이 된 엄마를 또 한 번 깊은 낭떠러지로 떠밀었다. 장례 후에 목격한 집 앞의 긴 행렬은 아버지가 서명한 빚보증을 청구하러 온 사람들로 엄마의 음식을 늘 칭찬했던 사람들이었다.

나중에 성인이 돼서야 알게 된 사실인데, 엄마는 '아버지를 남의 입에 오르내리게 할 수 없다'는 생각에 우리가 학교 다닐 때 살던 집과 주말을 지냈던 집 등등 가지고 있던 모든 걸 탈탈 털어 종이 쪼가리를 든 긴 행렬을 해결한 뒤, 식구들을 데리고 낯선 동네로 이사를 했다.

내가 뛰놀던 집에서 왜 떠나야 하는지, 전학을 왜 가야 하는지, 아무것도 몰랐던 나는 눈이 퉁퉁 붓도록 울면서 따라갔다. 부엌이 달린 방 한 칸에 모든 식구가 들어가야 한다는 엄마의 말에 뭔가가 잘못됐다는 걸 알았고 더 이상 울 수도 없었다. 교과서와 책가방만 챙기라던 엄마의 단호한 명령에 징징거리며 떼쓰던 날 보는 엄마는 얼마나 가슴이 미어졌을까?

주변을 환하게 밝힐 만큼 아름답던 엄마는 점점 표정이 없고, 때론 혼이 나간 듯한 모습으로 오랜 기간 방안에만 계셨는데 어느 날 쌀통이 빈 것을 확인하고 '내가 아이들을 다 굶겨 죽이겠구나!' 하는 생각에 '정신을 다잡았다'라고 하셨다.

엄마의 고달픈 삶은 우리가 모두 학교를 졸업하고 직장에 취직할 때까지 아주 오랜 세월 계속되는데 큰언니가 고등학생 때 빈혈로 자주 쓰러져 급기야 병원에 입원했다.

엄마는 치료비 5만 원을 빌리러 D 도시에서 손꼽히게 부자인 아버지 친척을 찾아갔는데 "먹고 살기도 힘들면서 계집애들을 가르쳐 뭐하냐? 몽땅 공장에나 들여보내라."는 독한 말만 들었다고 했다. 그 소리는 토씨 하나 빠지지 않고 아직도 엄마의 가슴에 대못으로 박혀있다.

우리는 버스요금만 겨우 받아 학교에 다녔고 도시락을 싸 가지 못하는 날도 많았다. 납부금을 기한 내 보낼 수 없는 형편이었던 엄마는 학교를 차례로 찾아다니며 담임 선생님, 교무책임자, 교장 선생님을 한자리에 모셔놓고 '제가 형편이 되는대로 따로 갖다 드리겠으니 우리 아이들에게 청구서를 주지 말고 절대 재촉하지 말아달라.'는 면담을 해마다 하셨는데, 이 사실은 언니들도 졸업할 때쯤 알았다고 했다. 다행히 언니들은 공부를 잘해서 담임 선생님들한테 자랑거리였고, 엄마의 면담내용은 학교 교사들에게 회자되었다.

나의 대학 진로는 큰언니가 내민 원서로 결정되었다. 말투는 권유였지만 일방적인 통보였다.

"너도 취직해서 경제적으로 엄마를 해방해야 하니 원하는 공부는 나중에 직장 다니면서 네가 번 돈으로 하는 게 좋겠다."

방 한쪽 구석에서 이불을 뒤집어쓴 채 며칠을 고민했지만, 엄마의 고생을 더 이상 외면할 수 없었다. 매 끼니 걱정에다 자식들 버스비 주고 나면 정작 당신은 무거운 짐을 이고 들고 걸어야 했으니 말이다. 엄마의 눈물겨운 삶을 이루 다 말할 수 없다.

대학 졸업 후의 직장생활은(20년 대학병원 근무와 4년의 연구원 근무) 2~3년마다 슬럼프가 찾아왔고, 그럴 때마다 가지 않은 길에 대해 아쉬움이 밀려왔다. 그나마 뒤늦은 대학원 공부가 좀 더 나를 확장시켜

주었고 약간의 심리적 보상과 위로를 받았다.

처음 장만한 카메라를 통해 빛으로 그림을 표현했고, 암실에서 필름 현상과 인화를 하며 다른 분야에 대한 호기심도 조금씩 키워 갔다. 그 후 판화, 도예, 목공 작업까지 새로운 것을 해 낼 때마다 엄마는 곁에서 늘 묵묵히 바라보셨다.

생신이 12월이라 미리 팔순 여행을 갈까 해서 여쭈었는데 전혀 상상하지 못한 '달 항아리'라는 단어에 마음이 복잡했다. 내가 캐묻지 않았으면 그냥 가슴에 묻고 가셨을 분이다. 엄마에 대해 여태껏 일차원적인 생각에 머물러있는 내 모습이 부끄럽고 한심했다.

아버지의 부재(不在)로 포기해야 했던 것, 엄마의 고단함으로 사랑을 많이 받지 못한 것, 내가 하지 못한 것만 채우고자 부단히 치열하게 사느라, 엄마 마음속에 무엇이 있는지 전혀 헤아리지 못한 것이다. 아니 엄마는 그냥 묵묵히 우리를 위해 사는 그런 분으로만 여긴 탓이다. 감각과 감성에 대한 열망이, 예술작품에 대한 애정이 엄마에게도 있다는 것을 왜 생각하지 못했을까?

팔순을 맞이하는 그 해, 도예를 시작한 지 몇 개월 안 됐지만, 엄마의 평생소원인 달 항아리를 만들기로 결심했다. 물레로 하는 작업은 반쪽씩 만든 두 개를 하나로 합쳐 완성하지만, 내 작업은 코일링(coiling) 기법이라 쌓아 올리는 높이도 성인 팔 길이만큼 무척 길어서 360도 둥근 형태로 균형 잡는 과정이 여간 어려운 게 아니었다.

모든 과정(빚기, 건조, 물 손질, 초벌, 유약, 재벌)마다 엄마만 생각했고 최선의 노력과 함께 기도하듯 정성을 다했다. 장작가마에서 완성품을 꺼내는 순간, '와! 빛깔 곱다. 형태가 좋네, 훌륭하다!' 사람들의 칭찬이 자자했다.

달 항아리를 품에 안으니 세상을 다 가진듯했고 개선장군이 이런 기분일까 싶었다.

"엄마! 평생 마음속으로 원하신 달 항아리예요. 제가 만들었어요."

한참을 보시더니 눈가가 촉촉해지셨다.

"고맙구나. 정말 좋다."

엄마의 표정은 어릴 적 내 기억 속에 있던 그 모습이었다.

주름이 가득하지만 멋있고 기품 있는 미소였다!

2022년 가을은 15년여 동안 두 차례의 개인전을 통해 공개했던 도예와 가구공예를 자신의 세례명을 건 공간의 개관전이라 그 의미가 특별한 해였다.

전공 분야의 삶에서 자립과 성취를 후회 없이 이루고, 인생 중반기에 예술작품을 만드는 작가로, 마리나 갤러리 대표로 익숙한 길을 벗어나 완전 다른 방향으로 튼 지금이다. 이제 보니 내 예술적 재능의 DNA는 엄마에게서 물려받은 것으로 내 손끝에서 다시 태어나고 있다.

엄마! 조금 더 이해하지 못해서 미안하고, 잘 키워주셔서 감사드려요.

엄마, 내가 많이 사랑해요.

20

윤향옥

엄마의 마음에 집중하다

엄마는 65년 전, 쌍둥이 중 언니로 태어나셨다.

지금은 150cm도 채 안 되는 키에 왜소한 몸이다. 그리고 몸무게 50kg을 한 번도 넘겨보지 못했다. 엄마를 안으면 어린아이를 안는 것 같다. 딸인 내가 엄마를 보호해줘야겠다는 생각이 든다.

엄마는, 엄마라는 이유만으로 열심히 살아왔다. 정작 자기한테는 천 원짜리 한 장도 쓰기 아까워하신다. 우리는 사고 싶은 것 사고, 먹고 싶은 것 먹고, 하고 싶은 것 다 하면서 살아왔는데 말이다.

"너희들 키우느라 엄마가 하고 싶은 건 한 번도 못 해봤어. 뭘 먹고 싶어 하는 건지도 모르겠어." 엄마의 말은 평생 기억에 남아 있을 것 같다. 그래서 엄마를 볼 때마다 마음이 아프다. 엄마의 마음 이야기를 들어본 적이 없었다. 엄마와 대화하지 않으려 했다고 말하는 게 더 정확한 표현이지 싶다.

어렸을 때는 엄마와 떨어져 살았다. 엄마는 한국, 우리 자매랑 아빠는 중국에서 생활했으니까. 엄마랑 같이 무엇을 해본 기억이 거의 없다. 예전에는 추억 없는 내 마음에 집중해서 속상하고 슬픈 감정이 많이 들었지만, 이제는 엄마가 얼마나 외로우셨을까, 가족이 얼마나 보고 싶으셨을까, 엄마의 마음에 집중하게 된다.

나도 나이가 들면서 진짜 어른이 되어 가나 보다.

혼자서 몸 고생 마음고생한 엄마.

이젠 눈부시고 아름다운 자기만의 삶을 가졌으면 좋겠어.

가끔은 자기만을 위한 삶을 살았으면 해.

먹고 싶은 것 마음껏 사드시고, 놀러 가고 싶은 곳 언제든지 가면서 말이야.

앞으로는 엄마한테 이런 말도 가끔 듣고 싶네.

"나 오늘 백화점 돌다가 너무 이뻐서 스카프 하나 샀어."

지금부터 엄마의 삶은 건강과 행복만 가득하길 응원할게요.

엄마, 사랑해요.

21

장윤진

엄마가 주신 사랑의 양은

"윤진아? 너는 참 좋겠다. 나 같은 엄마가 있어서. 엄마라고 부를 수 있어서 얼마나 좋니? 엄마라는 존재는 네가 엄마 뱃속에 있을 때부터 성장 후 한 아이를 품고 엄마 나이가 됐을 때를 생각한단다. 자식과 모든 것을 함께 하고 싶은 존재가 엄마야."

70대 연세를 훌쩍 넘은 엄마는 나에겐 아직도 30대 젊었을 때 엄마 같은 마음을 보여주신다.

초등학교 때 엄마가 학교행사에 오시는 날이면 너무나 기다려졌다. 세련된 갈색 빛깔의 펌 머리, 긴 베이지색 바바리에 카메라를 어깨에 메고 학교행사에 등장하셨을 때 선생님과 친구들이 외쳤다.

"윤진이 엄마, 진짜 멋지시다!"

"너희 엄마 맞아?"

지금도 '멋쟁이 할머니'라는 상표가 붙어 다닌다.

엄마의 사랑을 누구보다 가장 많이 받으며 자란 나는 어릴 적 엄마를 생각할 때면 마음이 아린다. 누구보다도 꿈도 많고 욕망도 많았던 엄마. 얼마나 하고 싶고 갖고 싶은 게 많았을까?

엄마가 하지 못한 것들을 어린 나와 동생들에게 사랑이라는 마음으로 부족함 없이 키워 주셨다.

엄마가 받고 싶은 사랑을 고스란히 맏딸 윤진이에게 모두 쏟아부어 주신 그 마음을 이 글을 적으며 또 한 번 느낀다.

엄마가 저희에게 주신 사랑의 양은, 엄마가 받고 싶었던 사랑이셨죠?
엄마의 그 마음을 이제야 조금 알 것 같아요.
엄마의 진심, 엄마의 사랑을 본받아 열심히 살아갈게요.
엄마, 엄마, 엄마.
고맙습니다.
감사합니다.

딸 윤진이가

22

김명희

지켜봐 주세요

"밥 주세요."

어둠이 깊어지고 새벽 동이 틀 때까지 10분 간격으로 들리는 엄마의 목소리.

"밥 주세요."라는 말을 반복하는 것은 기억하지 못하기 때문이다. 반백 년을 살아 낸 엄마는 나조차 기억하지 못한다. 그런 엄마를 밤새 바라보며 나는 곧 출근 준비를 한다.

어느 날 아침, 오늘은 출근하면 왠지 집에서 걸려 오는 전화를 받을 것 같았다. 업무 준비를 하는데, 직감대로 전화가 걸려 왔다.

"엄마 돌아가셨다." 그 와중에도 내 업무를 맡아 줄 동료에게 차분히 인계하고 은행을 나서는데 1주일간 물조차 제대로 삼키지 못했던 엄마의 모습이 떠올랐다. 내게 남은 마지막 엄마의 모습이다.

엄마, 지금은 어떤가요?

그저 상상만 할 수 있는 그곳에선 부디 건강하고 평온하시길 바라봅니다.

엄마가 남겨준 마지막 모습 덕분에 우리 승구에게는 다른 모습을 남겨주기 위해 노력하며 살아갑니다.

그 노력이 다른 이의 삶에도 좋은 영향력을 미치고 있으니 고단했던 그때조차 선물이고 축복입니다.

밤새 엄마를 바라보았던 과거 나의 마음을 조금 예쁘게 다듬어 편지를 쓰고 있어요.

많이 아팠고 많이 외로웠을 엄마에게 미안하고 고맙습니다.

내 엄마로 함께해 주셔서, 엄마라는 이름의 위대함을 유산으로 남겨주셔서 감사해요.

저 역시 엄마로서 제 역할 잘 감당하며 멋지게 살아갈게요.

엄마, 지켜봐 주세요.

Chapter 3_

지금 이 순간, 나는 나에게 :

경청

처음에 자기에게 주어진 삶의 무게 때문에 울었던 사람들은 이제 고마움으로 말미암아 울게 되었습니다. 누군가가 마침내 자신의 말에 귀를 기울여준 까닭이지요.

- 비욘 나티코 린데블라드, 내가 틀릴 수도 있습니다 -

지금 여러분은, 여러분 자신을 어떤 마음으로 바라보고 계신가요?

다른 사람의 말에 귀 기울여 주고 고개 끄덕여 주고 "아, 그랬군요." 공감의 말을 해 주는 만큼, 내 마음에 그리해 주고 계신가요?

그동안 알지 못했던 내 마음을 바라본다는 것.

깨어 있다는 것.

나를 알아차린다는 것.

나를 흘려보내 준다는 것.

이 모든 것은 시간의 축적과 의도된 노력이 필요한 일이지요.

나에게 경청하는 순간이기도 하고요.

다른 사람의 마음에 잘 경청해 주는 사람이 되기 위해 우리는 먼저 내 마음을 잘 경청해 주어야겠습니다. 지금 이 순간, 나는 나에게 무어라 말하고 싶어 하는지요?

나를 확장시켜 주고 타인의 삶에 관심을 가지게 되며 세상과 우주를 위해 내 인생을 사용할 수 있는 방법, '나에게 경청하기'입니다.

01

김민주

행복 그릇 키우기

바라봅니다.
'끈기'가 나를 바라봅니다.
나를 보고 애틋한 미소를 짓습니다.
충분하다고 말해 줍니다.
지금처럼만 살면 된다고 응원합니다.

깨어 있습니다.
지금의 나는 '배움'으로 깨어 있습니다.
변화된 내 모습을 만나기 위해
배우고 행동합니다.
미소 천사의 나눔을 그리면서
빙그레 미소 지어 봅니다.

알아차립니다.

'희망'은 내가 살아있음을

알아차리게 해 줍니다.

희망 덕분에

세상을 마주할 용기를 가질 수 있었습니다.

희망 덕분에

함께 웃을 수 있었습니다.

희망 덕분에

살아낼 힘을 얻을 수 있었습니다.

흘러갑니다.

나는 캄캄한 동굴 속에 숨어 있는 사람들에게

'행복'을 흘려보내고 싶습니다.

서로의 마음을 어루만져 줄 수 있어서

행복을 나누는 만큼 행복의 그릇이

한없이 넓어짐을 알게 됩니다.

이제는 모두 행복합니다.

그리고 세상과 당당히 마주합니다.

나에게 경청하는 이 순간,

살아 있음에 나는 감사합니다.

02

이정숙

유한한 삶, 유연함으로

지금의 나는

'몰입'으로 깨어 있습니다.

새롭게 시작한 일에 몰입합니다.

쉽게 잘 할 수 있게 반복하여 실행합니다.

실행과 반복에 몰입하니 일이 즐거워졌습니다.

'깨달음'은

내가 살아 있음을 알아차리게 해 줍니다.

깨달음 덕분에 나로 살게 합니다.

깨달음으로 자유를 얻었고 관계가 부드러워졌습니다.

지금 이 순간을 살아가게 하는 힘이 됩니다.

흘러갑니다.

나와 함께 하는 가족, 친지, 동지들에게

'유연함'을 흘려보내고 싶습니다.

그들의 유연한 말과 행동에서 평화를 느낍니다.

우리는 사랑하고 사랑받으며

이해하고 이해받을 수 있습니다.

우리는 유연합니다.

삶이 유한하다는 것을 알기에.

나에게 경청하는 이 순간,

평화롭습니다.

03

이숙현

소중한 시간들마다 사랑이 있었음을

나를 바라보는 단어가 있습니다.
'꿈'이 나를 바라봅니다.
웃으면서 바라봅니다.
신나게 이야기합니다.
가슴 벅찬 감동을 줍니다.
나와 가족을 바라보며 행복해합니다.
꿈은 나에게 애썼다 이야기합니다.
나를 응원합니다.
나에게 미소 지으면서 지그시 바라봅니다.

깨어 있습니다.
지금의 나는 '유연함'으로 깨어 있습니다.
생각이 흘러가는 대로 그대로 둡니다.

나와 다른 마음이 있음을 생각합니다.
다양한 사람들을 바라봅니다.
결정은 늘 스스로가 하는 것이라고 생각합니다.
이럴 수도 저럴 수도 있다고 여깁니다.
당황하지 않습니다.
시간의 흐름을 즐깁니다.
책을 통해 타인의 삶을 통해 많은 것들을 배우고 흡수합니다.
불확실한 미래가 있지만 희망을 먼저 봅니다.

알아차립니다.
'도전'은 내가 살아있음을 알아차리게 해줍니다.
새로운 것은 늘 활력을 줍니다.
시작하기 전에만 느낄 수 있는 설렘이 나를 행복하게 합니다.
새로운 시작은 알람이 되어 나를 살아가게 합니다.
이루어 나가는 과정은 성취감을 선물로 안겨줍니다.
도전 덕분에 부족했던 나를 성장시킬 수 있었습니다.
도전 덕분에 진정한 나를 찾을 수 있었습니다.
도전 덕분에 어려움을 극복하는 법을 배울 수 있었습니다.
도전 덕분에 삶의 깨달음을 얻을 수 있었습니다.
도전 덕분에 두려움을 이길 수 있는 힘을 얻습니다.

흘러갑니다.

나는 나와 함께하는 소중한 사람들에게 '사랑'을 흘려보내고 싶습니다.

지치고 아픈 사람들을 사랑으로 보듬고 싶습니다.

함께한 소중한 시간들마다 사랑이 있었음을 느끼고 싶습니다.

나의 사랑이 마음 가득히 피어올라 풍성한 꽃다발을 만들어 선물하고 싶습니다.

사랑과 사랑이 만나서 행복했던 순간들을 잊지 않고 살아가다가 눈감는 그 순간

미소로 인사할 수 있기를 소망합니다.

나에게 경청하는 이 순간,

나는 평온과 화목을 느낍니다.

04

이상희

살아 있음으로 알게 되는 것들

'도전'이 나를 바라봅니다.
나를 보고 미소 짓습니다.
잘하고 있다고, 이대로 나와 함께 가자고
토닥여줍니다.
그리고 손을 잡고 이끌어 줍니다.

지금의 나는 '호기심'으로 깨어 있습니다.
모든 것이 궁금합니다.
그래서 두드립니다.
두드리고 해보고 두드리고 해보고,
나는 지혜를 얻었습니다.

'열정'은 내가 살아 있음을 알아차리게 해줍니다.

열정 덕분에 배울 수 있었습니다.

열정 덕분에 부지런해질 수 있었습니다

열정 덕분에 좋은 사람들을 많이 만날 수 있었습니다.

나는 나를 아는 모든 사람에게
'사랑'을 흘려보내고 싶습니다.
그래서 생명을 살리고 싶습니다.
영혼이 죽어가는 이들에게 자신이 얼마나 소중한 존재인지
깨닫게 해주고 싶습니다.

나에게 경청하는 이 순간,
내가 누군지 알게 됩니다.

05

임윤진

사랑, 함께 만들어 가다

바라봅니다.

'유연함'이 나를 바라봅니다.

부드럽게 잘 걷고 있다고 말해줍니다.

앞을 보며 발걸음이 가벼워집니다.

가는 길마다 꽃들이 환하게 밝혀줍니다.

깨어 있습니다.

지금의 나는 '평온'으로 깨어 있습니다.

나를 일상으로 인도하여 무언가를 발견하게 합니다.

내가 평화를 유지할 수 있게 도와줍니다.

언젠가 열매가 맺힐 거라는 걸 알려줍니다.

알아차립니다.

'희망'은 내가 살아 있음을 알아차리게 해 줍니다.

희망 덕분에 포기하지 않을 수 있었습니다.

희망 덕분에 긍정을 잃지 않을 수 있었습니다.

희망 덕분에 나를 알아갈 수 있었습니다.

흘러갑니다.

나는 나를 아껴주는 사람들에게 '사랑'을 흘려보내고 싶습니다.

그들이 사랑의 손길이 필요하다는 걸 느낍니다.

메말라 가는 사막에 사랑으로 적셔준다면

모두가 웃음꽃 가득한 삶을 보낼 수 있습니다.

 사랑 가득한 세상을 함께 만들어갈 수 있을 것입니다.

나에게 경청하는 이 순간,

나는 행복합니다.

06

김선정

기대되는 인생

바라봅니다.

'정직'이 나를 바라봅니다.

어깨를 토닥여 줍니다.

한결같은 모습이 멋지다고 엄지를 세워줍니다.

깨어 있습니다.

지금의 나는 '배움'으로 깨어 있습니다.

배움은, 나를 성장시키는 단어입니다.

배움은, 새로운 세상의 문을 열어줍니다.

오늘도 배움의 문을 열고 들어가면 또 다른 세계가 나를 맞이합니다.

그곳에서 내가 자연스러워지고 익숙해지는 순간,

나는 또 다른 배움의 문을 엽니다.

얼마나 많은 문을 열게 될지 기대되는 인생입니다.

알아차립니다.

'희망'은 내가 살아있음을 알아차리게 해 줍니다.

희망 덕분에 모든 일에 감사할 수 있었습니다.

희망 덕분에 삶에 소망이 있었습니다.

희망 덕분에 더 좋은 사람이 되기 위해 노력하고 있었습니다.

흘러갑니다.

나는 나를 만나는 모든 사람에게 '사랑'을 흘려보내고 싶습니다.

흘려보낸 사랑이 또 다른 사람에게 사랑으로 전달됩니다.

한 사람 한 사람 사랑을 받고 그 사랑을 흘려보내면

사랑이 넘치는 행복하고 아름다운 세상이 될 것입니다.

나에게 경청하는 이 순간,

나는 나를 더욱 알게 됩니다.

07

최지수

존재의 평온함

바라봅니다.
'도전'이 나를 바라봅니다.
나를 보며 환히 웃습니다.
함께 하자고 말해줍니다.
어서 오라고 나에게 손을 흔듭니다.

깨어있습니다.
지금의 나는 '끈기'로 깨어있습니다.
뚜벅뚜벅 산 정상에 오르듯이 걷고 또 걷습니다.
숨이 턱 밑까지 차더라도 삶을 오르고 또 오릅니다.

알아차립니다.
'즐거움'은 내가 살아있음을 알아차리게 해줍니다.

즐거움 덕분에 힘든 상황을 견뎌낼 수 있었습니다.
즐거움 덕분에 함께 하는 행복에 대해 알 수 있었습니다.
즐거움 덕분에 더 나은 미래를 생각할 수 있었습니다.

흘러갑니다.
나는 나를 사랑하는 사람들에게 '평온'을 흘려보내고 싶습니다.
나를 사랑하는 이들은 존재하는 것만으로도 나를 평온하게 합니다.
이들에게도 평온을 흘려보내 고단함 없이 편안해졌으면 좋겠습니다.

나에게 경청하는 이 순간,
나는 편안합니다.

08

이선정

풍성한 삶의 의미

바라봅니다.
'열정'이 나를 바라봅니다.
나를 보고 빙그레 웃습니다.
열심히 살아왔다 말해줍니다.
나를 포근히 감싸줍니다.

깨어있습니다.
지금의 나는 '배움'으로 깨어있습니다.
스스로를 알고 싶어 나를 들여다봅니다.
다른 이들의 마음도 알고 싶어 들여다봅니다.
도움이 되는 사람이 되고 싶어 배우고 또 배웁니다.
오늘도 열심히 노력합니다.

알아차립니다.

'나눔'은 내가 살아있음을 알아차리게 해줍니다.

나눔 덕분에 나의 존재 의미를 느낄 수 있었습니다.

나눔 덕분에 타인에게 행복을 줄 수 있었습니다.

나눔 덕분에 삶의 의미를 깨달을 수 있었습니다.

나눔 덕분에 사랑을 느낄 수 있었습니다.

흘러갑니다.

나는 나와 함께하는 모든 사람들에게

'꿈'을 흘려보내고 싶습니다.

함께 하면 더 풍성하게 꿈꿀 수 있음을 느낍니다.

함께 꿈꿀 수 있다는 것에 행복해집니다.

꿈을 통해 삶이 더욱 풍성해질 것입니다.

꿈을 통해 희망을 가질 수 있을 것입니다.

꿈은 모두에게 행복을 만들어줄 것입니다.

나에게 경청하는 이 순간,

나는 충만합니다.

09

송태순

기적 같은 삶

바라봅니다.

'열정'이 나를 바라봅니다.

오늘도 성장하고 있어 보기가 좋습니다.

지금의 나를 칭찬하고 또 다른 나를 응원합니다.

오늘도 성공한 나와 함께 하루를 마무리하니 기쁩니다.

깨어 있습니다.

지금의 나는 '즐거움'으로 깨어 있습니다.

나는 자유입니다.

새벽을 즐깁니다.

내 안의 나를 만나 사랑하고, 쓰다듬어주고, 대화합니다.

마음이 행복하고 기뻐서 춤을 춥니다.

즐겁습니다.

알아차립니다.

'행복'은 내가 살아있음을 알아차리게 해 줍니다.

선택의 갈림길에 설 때면,

언제나 생각합니다.

'나답게 하자. 지금처럼 말야.'

행복 덕분에 진정한 나를 내면에서 만날 수 있었습니다.

행복 덕분에 다른 사람에게 열정을 나누어 줄 수 있었습니다.

행복 덕분에 어제와 다른 오늘을 맞이하면서 삶이 풍성하고 어른이 되어 갑니다.

160 흘러갑니다.

나는 나와 함께하는 모든 사람들과 함께

'사랑'을 흘러보내고 싶습니다.

사랑은 얼어버린 마음을 눈 녹이듯 따스하게 감싸줍니다.

사랑은 모든 것입니다.

사랑은 지금 내가 바라고,

우리가 원하는 미래를 그 누구보다도 잘 알아내고 만들어 줍니다.

욕심보다는 비움으로,

잘남보다는 챙김으로,

주장보다는 유연함으로,

우리 모두를 살리는 훌륭한 단어입니다.

사랑이 우리를 보고 미소 짓습니다.

나에게 경청하는 이 순간,
나는 자유로움입니다.
진정으로 살아 숨 쉬는 자유로움은
기적 같은 삶을 살게 합니다.

10

박지영

여정의 행복

바라봅니다.
'깨달음'이 나를 바라봅니다.
나의 한계를 마주하면서 느끼는 고통은
성장이라는 선물을 줍니다.
또 한 번의 깨달음이 나를 바라봅니다.

깨어있습니다.
지금의 나는 '도전'으로 깨어 있습니다.
설렘과 두려움이 공존합니다.
모든 감정을 사용하여
상상을 현실로 만들어 봅니다.
오늘의 낯선 선택이
내일의 행복이 될 것을 믿습니다.

알아차립니다.

'꿈'은 내가 살아 있음을

알아차리게 해 줍니다.

꿈 덕분에 행복할 수 있습니다.

꿈 덕분에 상상할 수 있습니다.

꿈 덕분에 삶의 방향을 잃지 않을 수 있습니다.

흘러갑니다.

나는 나와 함께하는 평생 친구들과

'희망'을 흘려보내고 싶습니다.

한 줄기 빛으로

꿈 너머 꿈을 그리며

함께 희망을 만들어 가는 여정이 행복합니다.

희망이 모여 세상을 따뜻하게 만들고 있습니다.

나에게 경청하는 이 순간,

가슴 한구석

따뜻한 온기가 느껴집니다.

내가 살아있음이 느껴집니다.

11

유선주

너를 더 잘 알고 싶어

'성찰'이 나를 지긋이 바라봅니다.
"나를 항상 가까이 해줘."라고 말합니다.
그리고 나의 어깨 위에 살포시 손을 얹습니다.
"당신은 지금 깨어있나요?"라고 질문을 던집니다.
"나는 지금 이 순간 깨어있습니다."라고 답합니다.

지금까지 나를 있게 해준 원동력은 '끈기'입니다.
'끈기'를 바탕으로 이렇게 깨어 있는 순간들을 알아차립니다.
끈기를 통해 그토록 알고 싶었던 삶의 지혜에 다가갈 수 있었습니다.

내가 살아 있음을 알고자 할 때 나는 모든 감각을 일깨워
'활력'을 만들어 냅니다.
활력 덕분에 기분이 좋아집니다.

활력 덕분에 타인에게 긍정적인 에너지를 줄 수 있었습니다.

활력 덕분에 하루에 생명을 불어넣을 수 있었습니다.

활력 덕분에 사랑이 충만할 수 있었습니다.

가만히 눈을 감고

내가 진정으로 원하는 것이 무엇인지 찾아 여행을 떠나봅니다.

나는 나를 만나는 모든 인연에게

'사랑'을 흘려보내고 싶습니다.

기회가 있을 때마다 사랑을 주고

사람들이 잠시나마 따뜻함을 느끼게 해주고 싶습니다.

나에게 경청하는 이 순간,

나는 편안함과 만족감을 느낍니다.

미지의 세계와 같은 나란 존재에게

한 걸음씩 더 다가가고 있음을 알 수 있습니다.

12

함 윤 희

나의 소리

먼동이 틀 무렵, '배움'이 나를 바라봅니다.

새로 시작한 글쓰기가 빙긋 미소 지으며 손짓합니다.

"지금까지 잘해 왔잖아."

'어떻게 쓰지?' 스스로 묻습니다.

새로움 앞에서 느끼는 낯선 감정과 생각은

가슴을 뛰게 합니다.

'건강'은 계단으로 나를 이끕니다.

한 발씩 내딛다 보면 엉킨 생각들까지 발끝에서 술술 풀립니다.

그렇게 비워지면 다시 몰입합니다.

아이디어들이 뭉게뭉게 떠오릅니다.

구름 속 생각들이 '호기심'이 되어 말을 겁니다.

호기심은 기억의 조각들을 이어줍니다.
덕분에 영감을 받은 작품들이 창조됩니다.
호기심이 은근히 알려줍니다.
내가 누구인지!

흘러갑니다.
아티스트들에게 '정직'을 흘려보내면 협력이 옵니다.
위안이 되고 치유가 되는 작은 우주가 옵니다.

나에게 경청하는 지금,
편한 익숙함보다 가슴 뛰는 일을 선택하고
찰나의 몰입을 즐길 줄도 압니다.
이젠 서두르지 않아도 공감하고 나눌 수 있습니다.

13

조현주

온전함

'나눔'이 나를 바라봅니다.
용기를 내었습니다.

그리고 동행하기 시작했습니다.

깨어 있습니다.
지금의 나는 '배움'으로 깨어 있습니다.
나의 스승은 경험이고 삶입니다.
배움은 언제나 나를 이끌어줍니다.
과거에서 배우고 현실에서 깨닫고 미래를 살아냅니다.
온전한 오늘이 있게 해 줍니다.

알아차립니다.
'깨달음'은 내가 살아있음을 알아차리게 해줍니다.

깨달음 덕분에 삶이 유연해졌습니다.

깨달음 덕분에 열정을 가질 수 있습니다.

깨달음 덕분에 고요해졌습니다.

흘러갑니다.

나는 나와 함께 하는 삶의 동반자들에게 '유연함'을 흘려보내고 싶습니다.

인생의 목적지를 향해 유연하게 흘려보냅니다.

어떤 난관도 유연하게 흘려보냅니다.

유연함을 디딤돌 삼아 한발자국씩 다가갑니다.

결국 우리는 목적지에 다 다릅니다.

그리고 선한 공동체를 완성해 냅니다.

나에게 경청하는 이 순간,

존재만으로도 삶의 축복임을 느낍니다.

14

유수진

탄생, 아름답다

'꿈'이 나를 바라봅니다.

추억 속으로 가라앉아 있던 꾸러미를 꺼내 보라 합니다.

어깨를 토닥이며 떨리는 나의 손을 잡아 줍니다.

기쁨과 설렘으로 눈과 마음이 커집니다.

깨어 있습니다.

지금의 나는 '건강'으로 깨어 있습니다.

머리부터 발끝까지 세포 하나하나를 느끼며

다시 깨어나게 하고 있습니다.

알아차립니다.

'사랑'은 내가 살아있음을 알아차리게 해줍니다.

사랑 덕분에

내가 태어난 것을 가치 있게 느낄 수 있었습니다.
사랑 덕분에
온유를 품고 희망을 나눌 수 있었습니다.
사랑 덕분에
매일 새로 태어나며 인생이 아름답다 만끽할 수 있었습니다.

흘러갑니다.
나는 나와 연이 닿은 모든 이들에게 '행복'을 흘려보내고 싶습니다.
목마른 밭이랑에 물길을 내는 길이 되고 싶습니다.
원하는 곳으로 데려다주는 비행기 활주로가 되고 싶습니다.
함께 있어 아늑하고 편안한 고향 친구 같은
운수 좋은 행복을 흘려보내고 싶습니다.

나에게 경청하는 이 순간,
나의 모든 것을 누릴 수 있습니다.

15

조경미

이끔

그냥 걸어갔습니다.
그러다 정신이 번쩍 들어서 나에게 물어봅니다.

'너, 잘 가고 있지?'
돌아볼 때마다 '지혜'가 나를 찾아 와 세포를 자극합니다.
'그럼. 잘 깨달으며 가고 있지.'

그리고 알아차리게 합니다.
몰입하며 꿈틀대는 내가
살아 있음을 알아차리게 합니다.

깨달음!
덕분에 나는 사람을 담게 되었습니다.
깨달음!

덕분에 용기를 내어 다시 일어설 수 있었습니다.

깨달음!

덕분에 나는 성장하고 있습니다.

나는 이제 '희망'을 흘려보내고 싶습니다.

손 내밀어 줄 테니 같이 가자고 말입니다.

인생길,

손잡고 같이 가자고 말입니다.

이런 나를 돌아보는 이 순간,

나는 살아 있음을 느낍니다.

16

최경순

희망 전달자

'즐거움'이 나를 보고 웃습니다.
잘 살아왔다고 말해줍니다.
고개를 들어 하늘을 쳐다보니
눈이 부시도록 맑고 깨끗합니다.
내 인생의 즐거움을 닮아 있습니다.

깨어 있습니다.
지금의 나는'책임'으로 깨어 있습니다.
해야 할 일이 있음에 감사합니다.
책임 덕분에 자유를 느낄 수 있습니다.
나의 책임은 오늘도 나와 함께해 줍니다.

'행복'은 내가 살아 있음을 알게 해 줍니다.

나는 지금 이 순간 행복합니다.

숨 쉬고 있는 지금, 행복합니다.

글을 쓰고 있는 지금, 행복합니다.

행복 덕분에 부정을 긍정으로 바꿀 수가 있었습니다.

지금의 나는 물 흐르듯이 흘러갑니다.

어떤 환경이 와도 흘러갑니다.

나는 내 가족과 친구들에게 '희망'을 흘려보냅니다.

어둡고 힘들었던 과거의 시간들 속에서 빼내고 싶습니다.

희망 전달자로서 책임을 느낍니다.

나는 평화롭습니다.

나는 편안합니다.

나는 진정으로 자유롭습니다.

나는 이 시간 살아 있습니다.

나는 충만합니다.

나는 나를 알게 됩니다.

17

서은주

잠재력이라는 거인을 꿈이라는 생기로

바라봅니다.

'즐거움'이 나를 바라봅니다.

나를 보고 맑게 웃습니다.

즐겁냐고 묻습니다.

즐겁게 자유하라고 다독여 줍니다.

깨어있습니다.

지금의 나는 '깨달음'으로 깨어있습니다.

지혜로운 마음가짐을 위해 깨닫고 싶어 합니다.

보지 못하고 느끼지 못하고 있는 것들을 구하고 찾아봅니다.

사색과 함께하는 깨달음으로 다시금 나를 깨웁니다.

알아차립니다.

'꿈'은 내가 살아있음을 알아차리게 해줍니다.

꿈 덕분에 좌절의 시간을 경험의 가치로 바꿀 수 있었습니다.

꿈 덕분에 도전하는 삶을 살아야 함을 깨달았습니다.

꿈 덕분에 다른 사람들의 생각을 더 존중할 수 있었습니다.

꿈 덕분에 용기 내어 매일매일 나아가야 함을 깨닫게 되었습니다.

흘러갑니다.

나는 내가 살면서 만나는 모든 사람의 마음속에 있는

'꿈'을 꺼내어 흘러보내 주고 싶습니다.

그들의 꿈에 용기와 생기를 불러일으키고 싶습니다.

이룰 수 있는 꿈이라고

용기만 내어보라고 외치고 싶습니다.

우리는 다 꿈이 있습니다.

잠재력이라는 거인을 꿈이라는 생기로 깨워줘야 합니다.

그리고 그 꿈은 반드시 이루어집니다.

나에게 경청하는 순간,

나는 충만해집니다.

나에게 경청하는 순간,

나는 나의 깊은 곳에서 나를 만나며 감사하고 감동받습니다.

18

신임선

나는 행복합니다

바라봅니다.

'사랑'이 나를 바라봅니다.

나를 보고 활짝 웃으며 사랑하라 하네요.

나 자신에게 사랑 주면 모든 사람을

포근하게 따뜻하게 사랑해줄 수 있으니까요.

사랑으로 풍성해진 삶이 나를 바라봅니다.

깨어있습니다.

'나눔'으로 깨어 있습니다.

살아 있으므로 나눌 수 있습니다.

넉넉한 마음으로 나눌 수 있습니다.

살아 있는 마음으로 나눕니다.

나눔은 즐거움입니다.

알아차립니다.

'열정'을 알아차립니다.

열정 덕분에 부지런히 행동할 수 있습니다.

열정 덕분에 배울 수 있어서 감사합니다.

열정 덕분에 나는 성장할 수 있습니다.

흘러갑니다.

나는 나와 함께 하는 가족, 주변 사람들에게

'희망'을 흘려보내고 싶습니다.

희망을 노래하고

희망으로 삶을 살아내렵니다.

모두가 희망을 알게 될 것입니다.

나에게 경청하는 이 순간,

나는 행복합니다.

19

최영혜

지금 우리는 살아갑니다

깨어있습니다.
지금 나는 몰입으로 깨어 있습니다.
현명하고 지혜로운 사고를 하기 위해
생각하고 또 생각합니다.
내가 원하고 상상하는 그 현실을 들여다보고 또 들여다봅니다.

깨어있습니다.
지금 나는 행복으로 깨어있습니다.
가족의 행복을 위해 생각하고 또 생각합니다.
엄마의 몸과 마음이 건강해야 가정이 행복해집니다.
나는 오늘도 깨어있습니다.
매일 새벽 5시에 일어나 책을 읽습니다.
깨어있는 엄마가 되기 위해 계속 공부합니다.

알아차립니다.

나는 오늘도 살아있음을 알아차립니다.

나는 오늘도 숨 쉴 수 있음을 알아차립니다.

나는 오늘도 존재한다는 것을 알아차립니다.

나는 오늘도 내가 존재 그 자체임을 알아차립니다.

알아차립니다.

희망은 내가 살아있음을 알아차리게 해줍니다.

희망 덕분에 긍정의 힘을 가질 수 있었습니다.

희망 덕분에 꿈을 향해 또 다른 시작을 할 수 있었습니다.

희망 덕분에 오늘도 살아갈 힘이 생겼습니다.

협력 덕분에 나의 재능과 가치를 발견하게 되었습니다.

협력 덕분에 상대방을 존재 자체로 귀하게 여길 수 있었습니다.

협력 덕분에 자기 경영을 할 수 있었습니다.

협력을 통해 탁월함이 발현됩니다.

흘려보냅니다.

배움의 태도를 흘려보냅니다.

존중의 마음으로 배움을 합니다.

감사의 마음으로 배움을 합니다.
수용하는 마음으로 배움을 합니다.
변화하는 마음으로 배움을 합니다.
나눔의 마음으로 배움을 합니다.

우리는 함께 살아갑니다.
함께라면 뭐든 해낼 수 있는 용기와 힘이 생깁니다.
내 안에 있는 꿈을 꺼내봅니다.
당신의 꿈도 꺼내봅니다.
상상하면 이루어진다는 것을 믿습니다.

우리는 서로를 응원합니다.
함께 그 길을 걸어갑니다.
꿈꾸는 세상에서 지금 우리는 살아갑니다.

20

김명희

모든 것을 사랑하며

깨어있습니다.

사랑의 마음으로 내 영혼은 깨어있습니다.

나를 사랑하고 사람을 사랑함으로

세상을 깨워줄 것입니다.

사랑이 전부입니다.

알아차립니다.

유연함은 내가 살아 있음을 알아차리게 해 줍니다.

유연함 덕분에 침착하게 호흡에 집중해볼 수 있습니다.

유연함 덕분에 낯선 곳에서 부드러운 마음으로 아침을 맞이할 수 있었습니다.

유연함 덕분에 나에게 다가오는 인연들을 여유롭게 받아들일 수 있습니다.

오늘도 난, 온전한 나로서 살아가고 있습니다.

흘러갑니다.

나는 나와 함께하는 벗들에게 '정직'을 흘려보내고 싶습니다.

벗들의 마음이 평화로워진다면 그것이 바로 나의 행복이 됩니다.

행복은 정직할 때 느껴지는 감정입니다.

정직은 우리를 새로운 삶으로 이끌어줍니다.

내 인생에서 배우게 되는 가치들,

내 인생에 와 주는 귀한 사람들,

내 인생의 모든 것을 사랑하며 살고 싶습니다.

Chapter 4_

詩 : 경외감

일상을 조그마한 쌀알로 여기며 그냥 지나쳤던 순간들이 많습니다. 그 순간들에 경외감을 부여하며 우리네 삶을 우주보다 더 크게 만들어 줄 수 있는 방법은 무엇일까요?

'감탄'입니다.

그렇다면 계산하지 않는 감탄, 본능적인 감탄을 내뱉을 수 있는 영역과 도구는 무엇일까요?

자연의 자연스러움을 詩로 쓰는 겁니다.

한 줄의 시는 한 세계의 발명이다.

- 장석주 《이토록 멋진 문장이라면》 -

"인생이란 무엇입니까?"라고 막연한 질문을 하는 사람에게 "네가 한번 살아봐."라고 대답하는 것처럼 시가 무엇인지 알고 싶으면 "너도 시를 써봐."라고 체험에 호소하는 수밖에 없지요.

- 이어령 《거시기 머시기》 -

시란 의미하는 것이 아니라 그냥 존재하는 것이다.

- 아치볼드 매클리시 -

당신에게 모든 순간
시인이 될 수 있는 권한이 있음을 깨닫기 바란다.

- 재클린 서스킨 《시처럼 쓰는 법》 -

두려움과 놀라움, 신기함이 뒤섞인
존경의 감정인
'경외감'으로
최적화된 글감인 자연물과 함께 여러분, 시 써야 겠죠?

01

김민주

너였구나

고요하고 파란 바다가 두 팔 벌려 다가온다.

자신을 희생하며 다른 사람의 행복을 반겨 주는 너.
온몸으로 편안함을 보여 주는 너.
언제나 그 자리에서 나의 기쁨과 슬픔을 조용히 안아주는 너.
그런 너를 닮고 싶어 나의 주변을 사랑하는 연습을 했어.
내가 살아가는 힘이 되어 준 너에게 고마워.

내 삶에 힘이 되어 준 넓은 바다는 내 눈물 한 방울이었지.
상처를 가만히 들여다보니,
내 인생의 무게를 견뎌주고
누군가 손 내밀면 잡아 줄 수 있는
내 마음의 크기를 키워준 너.

세상을 향해 조용히 흐르는 바다

너였구나.

이젠

파도처럼 밀려오는 희망, 행복, 사랑

온몸으로 안을 수 있는 내가 참 좋다.

02

박지영

너를 닮아 가는 시간

과연 너는 몇 개의 얼굴을 가진 걸까?
매번 다른 느낌, 다른 풍광

그런 너를 오늘도 설렘으로 만나러 간다

자연이라는 재단사 덕분에 변신 중이다
어제 다르고 오늘 다르고 내일 달라질 모습
너도 창작품 나도 창작품

늘 거기 있었네
만인의 엄마처럼
다 들어주고 다 수용해주고 다 주려고 하네
누구에게라도
그래서 오늘도 너를 찾아온 사람들로 북적북적

너를 통해 나를 본다

계절의 변화처럼 내 삶도 그러하다

봄의 파릇파릇함이 희망으로 싹트고

여름의 울창함이 열정으로

가을의 단아함이 성숙으로

겨울의 스산함이 성찰의 시간으로

매 순간이 모여 자연의 걸작인 너처럼

어느새 내 삶도 너를 닮아 걸작이 되는 중이다

03

조경미

돌담

길목 굽이굽이마다 우리를 지켜 주듯 촘촘히 쌓여 있는 돌담
뿔소라처럼 삐죽삐죽 모가 나 있어도
거센 폭풍과 거친 제주 바람에도 굳건히 자리를 지키는 돌담

수많은 사람의 희로애락을 함께 했고
집집마다의 소식을 알고 있다
아기가 성장하여 걸음을 걷고 뛰어다니고 학교를 가고 결혼을 하기까지
평생 함께한다

아주 오랜 시간을 굳건히 제 자리에서 묵묵히 자신의 역할을 한다
밭과 밭 사이, 집과 집 사이, 길과 집 사이를 정리해 주는 너는
질서를 지킨다

혼자 있으면 구멍 뚫린 현무암이지만

같이 모여 돌담이 되면 누군가를 지켜 주고

돌담을 지나는 이들의 눈길을 사로잡는 예술작품이다

04

김선정

설렘이다

올려다본다
머리 위에 뜨겁던 뙤약볕을 사뿐히 가리워 주는
청청히 푸른 큰손들

가을이 오면 알록달록 새 옷으로 갈아입고
마음껏 자태를 뽐내다가
겨울에는 훌훌 벗고
칼바람을 견디며
푸릇푸릇 다시 올 봄을 기다리겠지

사철은 묵묵히 제자리를 지키고 있건만
불평조차 없구나
여름에 너는 덥지만 나에게 시원함을 주고

가을에는 울긋불긋 예쁜 색으로 즐거움을 주고
겨울에는 앙상한 몸으로 매서운 찬바람을 막아주고
또 그렇게 봄이 오면 청청한 새 옷 입고
나에게 설렘이 되어 주는구나

알고 보니 너는 늘 새로움이구나
같은 줄 알았지만 같지 않고
거듭남의 연속이구나
오늘도 옹골찬 너의 나이테에 한 줄을 새기는
멋진 날이구나

05

최 지 나

나의 거울

강둑에 조용히 서서 햇빛에 비쳐 반짝이는 강물을 바라본다.

소리 없이 고요한 강물 위로 빛의 찬란한 소리가 들려온다.

빛이 강물에 닿아 잘게 부서지고 또 한 번 부서지면
어느새 해는 강물에 녹아내리고 어둠이 찾아오겠지.

한낮의 햇빛을 받아 푸르름을 간직한 강물은
어둠을 머금으면 새까만 밤이 되고
바람을 얻어 굽이치던 강물은
고요한 날에는 그저 작은 숨만 내쉰다.

흐르는 강물은 커다란 거울이었다.
맑고 투명한 강물처럼
나의 모습을 그대로 담아내는,
너는 나의 거울이었다.

06

조현주

품는 노을

산 너머 해가 집으로 돌아갈 때 흘려놓은 치마 끝자락
붉은빛으로 노란빛으로 주홍빛으로

새신랑 맞는 새댁의 발그레한 볼 같은 노을
밤새 어울렁더울렁 춤을 춘다
별도 달도 사랑방 손님처럼 후루룩 왔다 가면
떨구고 간 마음마저 어느새 품어버리는
세상을 품고 사랑을 품고 슬픔도 품고 미움도 품고
품고 품어서 하늘을 수 놓는가
품고 품어서 다시 태어나는가

치마폭에 숨기듯
나도 품어버리는 노을

07

유수진

하늘 거울

고개를 한껏 젖히니
손에 잡힐 것 같은 하늘이
구름 떼와 함께 흘러가고 있구나

내가 올려다본 너는
나를 비추는 거울이구나
기쁜 날
설레는 날
슬픈 날
분통이 터지는 날
청아한 파란 속살, 새하얀 뭉게구름, 타들어 가듯 시커먼 먹구름,
포효하는 비바람까지 시원하게 쏟아주며 나를 공감해 주는 너

칠흑 같은 새벽녘
아무것도 없을 것 같은 너에게서 발견한
붉은 물결의 향연
새색시 마중 나오는 신랑의 횃불처럼
희망과 환희를 선물해 주는 나의 복주머니

땅만 보고 살던 내가 이제는 나의 하늘 거울을 즐겨본다
눈이 시리도록 파란 하늘에 몽실몽실한 화이트 카펫을 펼쳐주며
나의 삶을 응원해 주는 너
눈덩이처럼 단단하기도 하고 솜사탕처럼 달콤하기도 한 너는
나의 꿈과 소망도 함께 품고 걷는다

네가 나를 품어주듯
나도 그렇게 누군가를 포근히 품어주고 싶다

08

이숙현

그리고 하루

나지막한 건물과 나무들이 지나가고
시원한 푸른빛이 가득해진다
티끌 없는 바다 빛 하늘을 만날 때면 쨍한 마음이 된다

저마다 다른 구름
구름 속 반갑고 정겹고 가련하고 아픈 이야기들

분홍빛, 귤빛, 보랏빛 하늘이 펼쳐진다
아름다운 저녁하늘
끊어질 듯 애처로운 실반지 같은 아련한 달이다

반가움과 설렘
연민과 애틋함

내 속 반짝이는 감정의 소용돌이

어둠 속 하늘, 먼지처럼 많은 별들이
세상에 존재하는지 몰랐던 경이로운 화려함을 숨기고 있다

먼지 속 먼지에 불과한 우리 인연의 놀라운 만남
소중함에 맺히는 하루
그리고 하루

09

임윤진

아름다운 마음

바다 냄새가 나를 이끄네
나의 마음을 아는 듯 잔잔한 파도가 나를 위로해 준다
푸르고 영롱한 빛깔들이 반짝반짝 인사를 건넨다

눈앞이 깜깜하고 내 숨소리만 들린다
시원한 바람을 맞으며 해안가를 걷는 나
바다가 나를 맞이해 줄 때면
내 마음은 바람처럼 차갑다가도 곧 햇살처럼 따스해진다

다가가면 여러 가지 매력을 뽐내주는 너
내 삶의 힘든 조약돌들을 모아 모아서 파도와 함께 덮어주겠지
아름다운 마음을 지닌 바다야
항상 그렇듯 내 옆에 있어주렴

10

함윤희

겨울 창(窓)

온 세상이 하얘지는 계절이 오면
도화지로 변신하는 겨울 창

낙서하고 싶고
낙서하기 좋은
지우지 않아도 되는 겨울 창

그리고 싶고
그리기 좋은
지우지 않아도 되는 겨울 창

연필이 없어도
지우개가 없어도
외롭지 않은 겨울 창

이번 겨울 나는
겨울 창에 어떤 마음을 그리게 될까

이번 겨울은
어떤 마음을 그리게 될까

11

이상희

너는 나였다

오늘도 나는 새로운 너를 만나러 간다
입구에 보이는 너의 이름에 마음이 설렌다

사각사각 나뭇잎이 길을 열어주고
늘 무심히 그 자리에 서 있는 나무들이 반겨주고
너를 만들어 주는 모든 자연들이 나를 맞이해준다

그렇게 너의 아름다움에 한껏 취하고
걷다 보면
어느새 꼭대기에 다다른다

너는 나였다
다시 바라보니
내 인생과 닮아있다

12

이선정

꽃, 나

내 마음에 훅 들어온 신비로운 꽃 한 송이
'나를 봐'라고 말한다
언제부터 그곳에 있었을까

변화무쌍한 자연의 심술들을
꿋꿋하게 견딘 너는
경이로운 꽃봉오리를 맺으며
온 세상을 아름답게 물들이겠지

기분 좋은 따스함을 주는 너
어떻게 그런 오묘하고 예쁜 색을 내는 거야?
초록빛 사이의 너를 보면 마치
우주에 떠 있는 별을 보는 느낌이야

고마워,

내 마음에 향기 좋은 빛이 되어주어서

너는

견디는

경이로운

예쁜

향기 좋은

반짝반짝 빛나는

나일 거야

13

송태순

우리 모두는 하늘이다

아침 7시 30분
오후 4시 30분
너를 만나러 기쁜 마음으로 총총총.
너와 내가 만나는 미팅이
오늘 나에게 황홀함을 선물해 주었다.
황홀함은 언제나 나와 함께 있고,
나는 세상 누구보다도 행복해.

가깝게 너를 만나고 싶어 크나큰 마음 풍선을 타고 올라가
항상 존재하고 있는 네 앞에 웃음으로 다가가네.
금세 다른 옷을 갈아입고 있는 너를
호기심 많은 나는 설레며 만난다네.
다양한 모습의 너를 가까이 보며

온 세상을 다 얻은 기분이야.

며칠 전 나에게 준 용기와
어제 나에게 준 평화로움과
오늘 나에게 줄 사랑에
하루하루 잘 익어가고 있다.
점점 성장하고 있다.
고마워.

너의 모습에 충분해.

그 용기와 평화로움과 사랑이 내가 되고,
누군가에게 또다시 날아가 네가 된다.
우리 모두 하늘을 닮았다.
양 떼가 되고,
구름 한 점 없는 바다가 되고,
솜털 이불이 되어 단잠을 자고,
돛단배가 되어 항해하는,
시시각각 다른 삶 속에서
행복한 너와 나.

14

최경순

풀꽃

경외감을 닮은
풀꽃.

오늘 내 발 아래에서 반짝반짝 빛나고 있었다.
허리를 숙이고 자세히 보았다.
세상 풍파에 시달려도 신음 한번 내지 않고
언제나 그 자리에서 밝고 아름답게 있어 주는구나.

그래 그래,
너는 지구에 점 하나에 불과하지만
끈기와 인내로 강한 모습을 본다.
비가 오면 은구슬을 품고 나를 기쁘게 해주고,
맑은 날에는 두 팔 벌려 해님처럼 활짝 웃는 모습으로 자태를 뽐내는구나.

나도 너처럼

빛을 내며

내 자리를 지키며

누군가를 기쁘게 해 주며

그리 살려 한다.

15

유선주

흙

산책길에 항상 보이는 진한 갈색의 대지
다채로운 식물들 사이에서도 내 눈이 닿은 곳

가까이 마주하니 향긋한 흙 내음이 은은하게 퍼져 나온다
작은 돌들과 흙가루 속을 찬찬히 들여다보니
미세한 씨앗이 하나 움트고 있구나

계절과 계절이 교차하는 사이
씨앗은 이 흙을 밟고 자기 존재를 뽐내겠지

온갖 영양분을 넉넉히 품고 인내심까지 갖추어
온전한 생명체를 길러내는 흙

모든 식물과 동물의 엄마와 같구나

씨앗은 전성기를 풍미하고 이내
너에게로 또다시 돌아간다

16

이정숙

너희들의 신비로운 성장에

봄날 팔공산 드라이브
창밖을 보다 발견한 가로수
여리고 어린 나뭇잎을 보았다.

엄마의 뱃속에서 갓 나온 아기의 눈빛, 손짓처럼 어여뻤다.
아하!
신비 그 자체다.

연녹색에서 초록으로 자라고 자라
무르익고 무르익어
황홀한 낙엽으로 떨어질 것이다.
곧 새잎으로 돋아날 것이다.

희망으로 안내했던 너의 빛깔, 너의 몸짓에서
나는 쓰러짐과 깨어남을 동시에 배웠다.

여리고 어린 연녹색의 나뭇잎은
나의 아들이자 딸이었다.
먼 시선으로 다시 본다.
왕성한 청년기를 거쳐
아름다운 중년을 지나
화려한 노년기를 맞이하겠지?
너희들의 신비로운 성장에
열렬히 박수 치는 부모가 될 것이다.

17

윤향옥

바다와 나

고요한 바다를 바라본다.
무엇이든 담아내는 바다.
바다를 닮고 싶다.
넓은 바다처럼 내 마음도
무엇이든 수용하고 싶다.

짜디짠 바다는 내 눈물이었다.
삶을 더 잘 살아내기 위해
나를 더 다듬기 위해
꿈을 이루기 위해
몸부림치며 흘렸던 내 눈물을
바다가 담고 있었구나.

이제 다시 바다를 바라본다.

지금처럼 내 삶을 소중히 여기며

자신처럼 그렇게 살라 한다.

18

최영혜

그렇다 그렇구나

새벽의 고요함 속에 내가 나를 만난다.
경이로운 순간과 맞이하는 이 순간,
새벽이 나에게 주는 선물이다.
온 세상이 캄캄한 어둠 속에 적막한 기운이 감돈다.
하늘의 반짝이는 별빛이 반짝이며 온몸으로 인사를 한다.
한발 한발 산으로 걸어 들어간다.
어둠 속에서도 나무, 풀, 바람, 물 등
자연의 내음이 스며든다.
나에게 자신을 내어준다.

고개를 들어 하늘을 보았다.
하늘은 단 한 순간도 같은 모습이 아니다.
우리의 삶과 닮아 있다.

하늘 속 구름이 흘러간다.

나인가?

치열하게 사는 나의 삶, 나의 인생.

하늘에서 바라보면 난 어떤 모습일까?

별처럼 하나의 점처럼 보이지 않을까?

그렇다.

내 삶에서 일어나는 모든 상황들은 하늘에서 보면

작은 점에 불과하다.

문제보다 내가 더 크다.

오히려 더 잘 됐다.

하늘에게 내 마음을 이야기한다.

이 또한 흘러가리라.

더 아름다운 내 인생이 다가오고 있어.

내 마음이 슬플 때 하늘을 본다.

내 마음이 기쁠 때 하늘을 본다.

그렇다.

하늘은 언제나 그 자리에서

나를 넓은 마음으로 나를 지켜보고 있다.

나는 하늘을 닮고 싶다.

그렇구나.

온 세상을 품고 있는 하늘은 내 마음이었구나.

이제 하늘처럼 자유롭게 온 세상을 다녀보자.

오늘도 내 인생은 맑음.

하늘아,

내가 가는 모든 곳에 함께 하는 네가 있어서 참 좋다.

19

신임선

희망을 발견할 수 있는 힘

풀밭에 혼자 앉아 있으니 바람이 스쳐 가네
나를 보고 속삭이네
너는 무슨 생각 하고 있니?
나야 어쩜 잘살아 볼까 늘 그 생각이야
바람아 내 마음을 잘 이끌어
내가 깨어나게 해줘
부탁해

어여쁜 꽃
뭇사람들을 행복하게 하지
너무나 놀랍고 신기한 너의 모습
그 자체만으로 예뻐
사랑스러운 너의 이름, 꽃

꽃답게 늙어가고 싶네

바람은 살랑살랑 불 때 좋았다
내 마음 담아 여기저기 여행 가고 싶네
비바람 치면서 폭풍 올 때는
나는 네가 싫어 무서워
바람아 나는 내 마음이 잔잔할 때가 제일 좋다
바람 너는 네 마음대로 할 수 있을 때가 많이 있었니?
그래 맞아 바람은 부는 게 이치에 맞지
바람아 불어라 나는 너와 함께 희망을 발견할 수 있는 힘을 기를 테니

20

장윤진

멍하니 쳐다만 보는데

가장 높고 넓은 자태로
이 세상 모든 것을
담고 수용할 수 있는
하늘이고 싶다.

밝음과 어둠을
낮과 밤
두 얼굴과 두 마음을 가진 모습들은 때론
인간의 기쁨과 슬픔
긍정과 부정
두 마음과
꼭 닮은 듯하다.

내 마음에 희로애락처럼
하늘 또한 밝음. 흐림. 고요함. 깜깜함
여러 얼굴을 지닌 모습들이
많이도 닮았다.

아침 해가 뜰 때
고요함 속에 세상을 물들이듯
붉은빛을 뿜어내며
하루를 우리에게 선물하는 하늘.
어떤 누구도 표현할 수 없는
깜깜한 밤도 선물해 준다.

세월이 변해도
하늘이 우리에게 보여주는
꾸준함을 닮고 싶다.

하늘을 멍하니 쳐다만 보는데
하늘은 오늘 나에게
귀하고 고마운 스승님 같다.

하늘처럼 살아보고 싶다.

Chapter 5_

모든 순간 : 글쓰기

소위, "성공했다."라고 말할 수 있는 사람들이 쓴 자기 계발서를 보면, 그들의 습관 중 빠지지 않고 등장하는 소재가 '글쓰기'입니다. 감사일기, 모닝 페이지 등 성공하고 싶다면 반드시 장착해야 하는 습관이 글쓰기임을 주장하고 있는 내용을 어렵지 않게 볼 수 있지요.

글쓰기가 어려운 이유, 8만 3천 가지가 넘습니다. 글쓰기가 좋은 이유 또한 이만큼 될 겁니다. 오늘은 세 가지만 이야기해 볼게요.

글쓰기로 환호할 수 있는 이유 첫 번째, '눈에 보이는 성과'를 보장한다는 거죠. 시간 들여 양을 축적하면 글이라는 형태를 바로 확인할 수 있으니까요. 노력 대비, 확실한 결과물을 확인할 수 있는 영역, 글쓰기입니다.

두 번째, '즐거운 성장' 또한 보장해 줍니다. 6개월 전에 썼던 내 글, 읽을 자신 있나요? 도대체 무슨 말을 하려는 건지, 무슨 자신감이었던 건지 모를 글을 말이죠. 글쓰기 세계에서 내 글을 다시 읽는 행위는 '형벌'이라 말할 정도로 고통스러운 작업입니다. 달리 해석하면, 내가 성장했단 뜻이고요. 예전에는 발견하지 못했던 내 글의 취약점을 볼 수 있는 눈과 마음이 생겼으니까 말입니다. 쓰기만 하면 성장 또한 확실히 보장해 줍니다.

세 번째, '사명을 이루는 최적의 도구'라는 것입니다. 부모인 내 인생과 희로애락 감정들을 글로 써서 자녀들에게 물려주는 정신적 유산, 만만찮은 가치가 있습니다.

표현하지 않는 감사는 감사가 아니듯, 표현하지 않는 사랑도 사랑이 아닙니다. 세상에서 제일 귀한 내 아이에게 미처 말하지 못했던 부모의 마음을 글로 남겨 주세요. 그리고 인생의 지혜를 가르쳐 주세요. 부모가 이 세상에 온 목적, 내 아이들을 잘 키우고 잘 떠나보내기 위함이잖아요. 그것이 사명 중 일부이기도 하고요. 사명을 이룰 수 있는 최적의 도구, 글쓰기입니다.

여러분의 모든 순간이 글쓰기입니다.
우리 이제, 글 써요.

01

김민주

글과 함께 세상을 마주하다

"이 통장 내가 어떻게 믿어? 당신이 가짜로 만든 거잖아."

기막힌 억지소리에 아무런 말도 할 수 없었던 날.

'내가 지금 왜 이러고 있지?'

시간을 되돌릴 수 있다면 만나고 싶지 않은 순간 때문에 미칠 것 같았던 날.

뜨거운 태양 덕분에 흐르는 눈물을 감출 수 있었던
싱글맘이 되었던 날.

글쓰기를 시작한 후 좋은 작가님을 만나면서
용기와 자신감이 하늘을 찌를 수 있을 것 같았던 날.

아들의 잔잔한 목소리와 어우러진 시 낭송을 듣던 날.

이 모든 순간이
'글쓰기'였다.

나에게 글쓰기란

세상과 마주할 수 있는 용기,

그리고 살아가는 원동력이다.

02

이정숙

삶의 영웅

"장모님이 장인어른께 하시던 것처럼 당신이 나에게 하고 있는 거 알아?"

남편의 말에 화가 하늘 끝까지 올라가던 날,

'남편과의 소통은 이렇게 어려운 건가?'

카페로 이동하는 차 안에서 대화하기 전보다 사이가 더 나빠질까 봐 조마조마하던 날,

늦겨울 황량한 경산 영대 캠퍼스
직장 휴가 내고 운동권 동생 찾아 나서던 날,

시계도 없고 전화기도 없고 나도 없었던 여행
평화로웠던 그날,

타닥타닥 타는 모닥불을 바라보고 있었다.

초봄 저녁 6시부터 밤 12시가 되어도 일어나지 않았다.

이른 봄 계곡이 깊은 상옥에서 남편과의 캠핑에서

마음으로 울었던 날,

이 모든 순간이

'글쓰기'였다.

나에게 글쓰기란,

삶의 순간들을 받아들이며 지금의 나를 있게 한,

기적을 만드는 영웅이다.

03

조현주

청소

"아줌마를 어떻게 믿고 우리 아이를 맡겨요?"

아토피 소녀를 소개받고 사명감에 불타올라 낫게 해보리라 각오 다질 때 그녀의 아버지가 대문 칸을 막아서서 눈 부라리며 나를 사기꾼 취급하던 날,

'제대로 가고 있는 게 맞는 걸까?'

혼신의 힘을 쏟았음에도 원하는 결과가 나오지 않아 걷히지 않는 안개 속에서 헤매고 있는 기분이 들었던 날,

새벽 선잠에 며느리 꿈속에 오시어 "나 가노라." 눈길 한번 주시고 우리 어머니 하늘 가신 날,

현재진행형 소설을 가지고 삶의 보따리를 풀어낼 그들을 기다리던 독서 미팅 OT 날,

굳어 있고 딱딱했던 영혼을 어루만져 동그랗게 빚어내던 소프라노의 아름다운 선율을 듣던 날,

이 모든 순간이 '글쓰기'였다.

나에게 글쓰기란 다이슨 청소기다. 한 톨만 한 생각의 찌꺼기도 모두 끌어당겨서 태초 그대로의 온전한 나로 만드는 과정이다. 과거의 기억을 소환해서 재해석하고 새로운 깨달음으로 삶을 채워나가게 해 주는 글쓰기는 오늘도 내 마음을 깨끗하게 청소해 준다.

04

이상희

하나의 완성품

"엄마, 아무리 어려 보여도 아줌마야."
첫째 아들의 직관적인 말.

"난 엄마처럼 일 안 할 거야."
둘째 아들의 비수 꽂힌 말.

'나도 이제 주름이 자글자글해.'
거울 보기가 점점 겁이 나는 마흔의 어느 아침.

눈이 부시도록 찬란한 태양 빛이 내리쬐는 어느 날
죽음의 끝을 맞이한 곱디고운 젊은 날의 그녀.

이거다! 책을 읽고 내 삶을 재정비했더니
벌써 인생 레벨 업 치트 키가 빼곡히 담겨 설렜던 날.

어둑해진 저녁 바람을 가르며 들리는 나의 거친 숨소리와 힘차 발자국 소리,

그리고 세포 하나하나의 움직임을 느끼던 날.

이 모든 순간이 '글쓰기'였다.

나에게 글쓰기란 인생 그 자체다.

파노라마처럼 이어지는 삶이 하나의 완성품으로 저장된다.

05

함윤희

나의 거울

"여자라서 봐주는 거야."

고성을 지르며 이리저리 뛰어다니는 위압적인 행동에 얼음처럼 굳어진 복(伏)중 어느 날.

'갤러리 공사를 왜 시작했을까?' 자책하며 악몽에 시달린 수많은 날.

손목 뼛조각이 떨어져 나간 X-Ray를 확인한 날.

'이대로 멈추는 건가! 만들다 만 작품은 어쩌지?' 극심한 통증으로 꼬박 지샌 밤이 오히려 희망이었던 날.

엄마 머리에서 피가 철철 흐르던 새벽녘.

낙상(落傷)이 빈번해진 구순(九旬) 중반 노모의 숨소리를 확인했던 지난해 겨울,

차디찬 얼음을 갖다 대며 엄마 의식이 또렷함에 감사했던 그날.

낯선 e-mail이 도착한 날!

세계병원총회 발표논문으로 채택됐다는 소식을 눈 비비며 읽었던 날.

시간 쪼개며 행한 하루하루의 작은 성공이 큰 선물로 도착한 그날.

이 모든 순간이 '글쓰기'였다.

나에게 글쓰기란

내면을 들여다보는 거울 속의 거울이다.

06

임윤진

나의 희로애락

"F 안 받으려고 아픈 척하냐? 지랄하지 마."

장난인지 진담인지 알 수 없는 동기의 표정과 함께 불쾌한 말을 들어 상처가 많았던 날.

"너랑 같이 있으면 안 돼."

아무 일도 일어나지 않았고 아무 잘못도 하지 않았는데 졸지에 사람을 죄인으로 만들어 참 슬프고 비참했던 날.

"고고한 척 그만해."

술에 취해 본인이 무슨 말을 했는지 기억도 못 할 것 같은 장난스러운 표정으로 나에게 아무렇지 않게 내뱉던 말. 무방비 상태에서 엉덩이를 걷어차인 것처럼 너무 수치스러웠던 날.

'이 길을 계속 걸어가는 게 맞는 걸까?'

회피하고 싶지 않아 선택한 길이 끝까지 나와 맞지 않을까 봐 걱정이 가득했던 날.

'모두가 나를 미워하면 어쩌지?'

아직 닥치지도 않은 일에 대한 걱정과 두려움 때문에 불안했던 날.

비 온 뒤 맑게 갠 하늘, 소나기 뒤에 화창한 봄날을 기대했던 어느 날, 휴학하고 난 나의 삶은 그리 평탄치만은 않았다. 조금의 휴식이 찾아오는가 하면 또다시 비바람과 폭풍이 휘몰아치며 몸살에 시달렸다.

와우!

거대한 캠핑카를 처음 보고 놀랐던 날. 가족들과 타고 갈 생각에 너무 들떠서 쿠션에 이리저리 얼굴을 비벼 보았다. 세상을 다 가진 듯했던 날.

이 모든 순간이 '글쓰기'였다.

텀블러에 담긴 은은한 커피 향, 노트북 타자 소리 위를 지나가는 도로 위 차들 소리. 나를 알게 해 주고 나의 삶을 위로해 주는 피로회복제 같은 글쓰기와 함께 오늘도 난, 내 삶의 희로애락을 잘 받아들여 본다.

07

최지수

설렘

"너는 정말 답이 없어 보여."

무심코 던진 엄마의 말이 화살처럼 내 마음에 박혔던 날.

'나 앞으로 뭐하지? 나 잘 살 수 있을까?'

잠을 잘 수 없었던 어느 밤, 꼬리에 꼬리를 무는 생각으로 머리가 무겁던 날.

화창한 봄, 한 평짜리 깜깜한 고시원 안에서 조그만 창문으로 혼자만의 벚꽃놀이를 하던 날.

첫 출근을 하던 지하철 안, '잘하자! 잘 할 수 있어!' 줄다리기하듯 심장이 요동쳤던 날.

홀로 떠난 강릉 여행, 사람 없는 모래사장에 앉아 파도 소리를 듣던 날.

이 모든 순간이 '글쓰기'였다. 이제 나는 안다. 내 모든 과거가 지금의 나를 있게 해 주었다는 것을. 글쓰기가 친구가 되어 삶을 잘 받아들일 수 있도록 도와주었다는 것을.

글쓰기는, 이제 막 새로 사귄 친구 같은 설렘을 안겨다 준다. 이 설렘으로 글쓰기와 함께 나의 남은 인생을 잘 살아낼 것이다.

08

이선정

내면의 치료제

“그런 건 미리 얘기해줬어야 하는 거 아닌가요?”

전체 직원회의에서 큰 소리로 따지듯이 말하는 직원에게 당황해서 대꾸조차 하지 못하고 속상해했던 날.

‘이대로 괜찮을까?’

주위를 돌아볼 여유 없이 앞만 보고 달렸던 시간들, 과연 이렇게 살아도 될까 불안한 마음이 드는 날.

온몸이 땀으로 범벅이 된 더운 여름, 엄마를 요양원에 모셔다드리고 온 날.

매일 아침 6시 독서 모임을 통해 나의 마음을 알아차리고 깊숙이 들여다보고 뜨겁게 나를 응원하며 사랑한다고 속삭인 꿈같았던 날.

사방이 나무로 뒤덮여 마치 숲속인 양 고요한 카페에서 눈을 감고 멘델스존 바이올린 협주곡을 듣던 날.

이 모든 순간이 '글쓰기'였다.

나에게 글쓰기란, 내면의 나를 만나서 내 삶을 정리하고 치유해주는 치료제다. 글을 쓰면, 모든 상황을 겸허히 받아들이게 된다. 나를 위해 모든 일이 허락되었음을 알게 해 준다.

앞으로도 글쓰기와 함께 나의 내면을 만나고 치료해 줄 것이다.

09

유수진

나의 리더

"그 사람들은 내가 돌보아야 할 사람이야."
아내보다 신념을 택하겠다던 남편의 말에
가슴에 구멍이 뚫린 듯 휑해지던 날.

'나는 잘살고 있는 걸까?'
홀로서기로 떨고 있는 나에게
스스로 등대가 되어주기로 한 날.

홍제천 벚꽃이 봄바람 타고 나부낄 때
나의 볼을 타고 꽃비 같은 눈물들이 흩날리던 날.

산새 소리, 바람 소리 들으며 사려니숲길 10킬로미터를
완주하고 스스로 대견스러워하던 날.

펑펑 눈이 쏟아지던 동짓날
팥을 좋아하는 내게 팥죽 한 그릇 먹이고 싶다며
품속에 팥죽을 안겨주던 친구의 따뜻한 사랑을 받은 날.

이 모든 순간이
'글쓰기'였다.
나에게 글쓰기란,
숨을 쉬게 해주는 산소탱크다.
그 신선한 공기를 듬뿍 머금고
나를 건강하게 성장시켜주는
나의 리더이다.

10

조경미

새로운 생명체

"조심하지. 어떻게 키울라고."

"아이고, 참 답답하다."

네 번째 생명체가 내 몸으로 찾아왔을 때, 대부분의 사람이 말했다. 그리고 귀한 선물이었던 나의 아기는 세상 빛을 보기 얼마 전, 나를 두고 떠났다.

그땐 왜 그리 걱정이 많았을까. 아기에게 "사랑해." 말 한마디 해 주지 못했다.

'아가, 하늘에서 잘 지내고 있지? 엄마가 미안해.' 마음으로 축복이에게 말을 건넨다.

이런 나에게도 자연을 통해 치유되고 회복되는 시간이 있다.

이른 아침, 제주의 오름을 올라 일출을 볼 때

이른 아침, 수월봉의 차귀도 앞 바다를 볼 때

잔잔한 치유의 바람이 나를 감싼다.
얼마나 평온한지
그 앞에 서 있는 자만이 느낄 수 있다.

이 모든 순간이 글쓰기로 표현되니 경이롭다.
아픔도 기쁨도 슬픔도 글이 되어 새로운 생명체가 된다.
글쓰기는,
가슴에 차곡차곡 쌓아 둔 삶의 묵은 찌꺼기들을 청소해 준다.
글쓰기와 함께,
새로운 생명체를 계속 탄생시키며 내 삶을 깨끗이 정리해 가고 싶다.

11

최경순

다섯 가지의 삶

비수.

"너 때문이다."

아들이 소심한 것도 대인관계를 기피하는 것도 남편은 나를 닦달한다.

나는 남편에게 말대꾸를 한다.

"그게 왜 나 때문이야? 당신 때문이지." 자식이 잘되길 바라는 부모의 마음, 다 같다. 그런데 남편은 술 한잔하고 나면 괜히 마누라를 잡는다.

자식을 내 맘대로 할 수 있는 사람은 세상천지에 없다.

'자식은 부모의 거울이다'라는 말이 생각난다. 자식은 부모를 보면서 인생을 키워간다. 너 때문이 아니라 나 때문이다.

지금은 모든 것이 내 탓이요, 하며 산다.

다짐.

연두색이 내 눈을 정화 시켜주는 아름다운 계절 5월, 기침이 심해 잠을 잘 수가 없었다. 몸살인가 하고 병원에 가지 않고 있다가 숨을 쉴 수 없을 정도로 기침을 했다.

병원에서 가슴 사진을 찍었다.

“환자분은 죽으려고 작정하셨나요? 왼쪽 폐에 물이 3분의 2 넘게 찼어요.”

의사의 말. 40대인 내가 산소 호흡기를 열흘 동안 꼽고 70대 환자들과 병실 생활을 같이 했다. 자고 일어나면 한 명씩 영안실로 갔다. ‘이렇게 삶이 끝나는구나.’ 싶었다. 그리고 지금부터는 새로 태어난 것처럼 살아야겠다고 다짐했다.

계절은 여름이 되어 있었고 내 생각은 단단해져 갔다.

슬픔.

논바닥이 갈라지고 농작물이 타들어 갈 정도로 가뭄이 심한 6월 어느 날,

아버지는 한마디 말도 하지 못하고

47세에 5남매를 남겨두고 하늘나라로 가셨다.

어찌할 줄 모르는 엄마의 뒷모습이 지금도 눈에 선하다.

설렘.

유럽 여행 가기 전날
가슴이 콩닥콩닥
사진과 영상으로만 보던 그곳
블레드 성 내가 그곳에 간다.
블레드 호수
가슴이 뛴다.
내가 주인공이다.
그 성에 내가 있다.

평온.

하늘의 반짝이는 별이 점점 희미해지면서 여명이 뜨기 시작했다.
깜깜한 세상에 빨갛게 떠오르는 일출을 보는 순간
와아! 입에서는 감탄사만 나왔다.
세상이 이렇게 아름다울 수 있구나.
이른 아침, 뜨거운 차 한 잔이 추위를 녹여주었다.
마음이 평안하다.

이 모든 순간이 글쓰기였다.

12

송태순

생명 그리고 평온함

'말과 행동이 3일을 못 가서 흐지부지되니 신뢰가 안 생긴다.'

결심한 게 3일 후면 우선순위가 바뀌고, 새로운 결심으로 처음 결심이 흐려지는 나를 보면서 생각했다. 난 안 돼. 난 의지가 약해. 난 신뢰감이 없어. 난, 난, 난!

'또 나의 무의식이 나를 지배하고 있었네. 그럴 줄 알았어. 너였구나.'

불안과 고민이 생기면 나답지 않게, 나도 모르게 힘들어하는 나를 만난다.

'아니야! 너 아니야!'

"이 길모퉁이를 돌면 무엇이 있을지 알 수 없지만, 전 가장 좋은 게 있다고 믿을래요."

나는 빨간 머리 앤처럼, 모든 일에 호기심 많고 긍정적이며 내 마음을 잘 표현하는 사람이 되고자 노력했다. 긍정적 착각은 의도적 노력으로 현실이 된다고 했던가?

나는 우리 동네 빨간 머리 앤이 되었다.

엄한 아버지로부터 조금은 자유로울 수 있었던 것은 엄마의 임기응변 덕분이었다. 그래서 다행히 유년 시절의 기억이 슬프지 않다. 그런 엄마가 머리를 싸매고 드러눕던 날이 있었다.

내 기분보다 엄마의 기분이 더 중요하고, 더 걱정되고, 더 불안했던 지난 1989년 12월, 대입 수능에서 전기 모의고사를 떨어졌다. 오늘처럼 날이 춥거나 대입 수능시험을 치고 합격통지서를 기다리는 고3 친구들을 보면 그때 생각이 난다. 겨울의 매서운 바람을 이길 만큼, 꽤나 슬펐다.

'동네방네 빨간 머리 앤 2' 이름으로 모인 공저 마지막 수업이 있는 날, 1시간의 수업이 10분처럼 느껴지는 짧은 순간에도 자유로운 나의 영혼과 잠시도 가만히 있을 수 없는 심장을 가진 몸과 나의 정신은 글쓰기를 통해 기적처럼 만났다. 나에게 집중하는 순간, 새롭게 태어나는 것 같았다.

나의 소중한 아기가 태어나던 그때 느꼈던 감정과 비슷했다. 세상이 나를 위해 잠깐 멈춘 그 순간, 새벽공기를 가르고 크리스마스 선물처럼 나에게 온 아기와의 만남에 평온함이 함께 했다. 새 생명체와 평온함은 나를 살게 하고 나를 성장시키고 완성하였다.

글쓰기 또한 그러하다. 나에게 실망했던 그 순간도, 나를 이겨내고 긍정을 선택했던 그 순간도, 걱정과 불안이 나를 둘러쌌던 그 순간도, 평온함을 느꼈던 그 순간도, 글로 써 내면 지금의 나를 있게 한 자양분임을 알 수 있다. 나를 다시 태어나게 해 준 생명체의 근원과도 같은 글쓰기로 온전한 평온함을 누리고, 나의 평온함을 사람들에게 나눌 수 있는 글 쓰는 사람으로 남고 싶다.

나에게 글쓰기란, 일상을 새롭게 창조해 내는 평온함이다.

13

최지나

기억의 방

'잘한 결정이 맞는 거겠지?'

퇴사를 결심하며 꾹 참아온 말을 밖으로 내뱉었다.

"잘했어, 지나야."

퇴사를 하고 엄마에게 처음 말했던 날.

매섭게 부는 바람에 손가락까지 아리던 추운 겨울,

내 집 없는 설움에 마음까지 아려오던 날.

첨벙! 차가운 수영장 물에 뛰어들며

겨울에 여름 나라로 여행을 왔다는 기쁨으로 날아갈 것만 같았던 날.

속초 앞바다에서 파도 소리를 들으며 저 멀리 뜨는 해를 조용히 바라보던 그날.

내 기억 속 모든 날들은

내 삶의 기록이었다.

나에게 글을 쓴다는 것은

내 삶의 순간을 기억의 방에 차곡차곡 쌓는 것이다.

14

신임선

약손

온 가족이 모일 때면 늘 불안하다. 한이 많으신 어머님은 가족에게 관심받는 것에 마음을 다하신다. 그리고 오직 아들뿐이다.

가정의 평화를 위해 늘 참고 있는 나에게 큰아들이 말했다.

"엄마는 꽃꽂이, 서예, 다도가 취미 생활인데 할머니 취미는 엄마 괴롭히는 것밖에 없는 것 같아." 늘 조금만 참으라고 말했던 아들이 이젠 중년 신사가 되었다. 너희들만 잘살면 된다. 나 자신을 토닥여 본다.

나의 희생으로 가족이 잘 살아간다면야. 이 세상 공짜가 없더라. 나의 마음 그릇 커졌다. 모든 것을 품을 수 있고 장하다. 나는 아직 이 세상에 필요한 사람이야. 야호! 힘내자.

겨울 내내 병원을 들락날락거렸다. 결혼 30주년 되던 해, 시어머님께서 하늘나라로 떠나셨다. 나를 괴롭히고 힘들게 하던 그 빈자리가 나도 모르게 상처가 되었다. 한동안 사람들을 만나기 싫어할 정도였다.

그냥저냥 보낸 세월엔 살만 찌고 즐거움도 사라지고 죽을 것만 같았다. 그래, 공부하자! 용기를 냈다. 서각작품을 2미터 대작하고 난 후 나는 성취감, 몰입 그리고 감사를 되찾았다.

학우들과 글쓰기를 시작한 후 마음이 후련하고 편안해졌다. 창밖을 보니 흰 눈이 소복하게 쌓여 있다. 왠지 행운이 몰려올 것 같다. 나에게 글쓰기란 나의 삶을 토닥여주는 약손이다.

15

최영혜

걸작품

"니도 니 같은 딸 낳아서 키워봐라."

엄마가 차갑게 말하던 날.

"생각이 있나 없나?"

나도 모르게 아이들에게 쏘아붙였던 날.

'한 달 뒤면 마흔여덟 살이 되는구나.'

한 살 나이를 더 먹을 생각을 하니 기분이 잡잡했던 날.

차가운 땅을 맨발로 걸으며

내 마음도 차갑고 이 세상에 나 혼자라는 생각에 외롭고 막막했던 날.

내 생일 파티 날,

크루즈 배 안에서 피아노 선율을 들으며 와인 잔을 건배했다.

남편이 생일선물로 목걸이를 목에 걸어주었다.

'구름 위를 걷는 기분이 이럴까?' 행복했던 날.

"우리 영혜는 크리스마스 선물 뭐 받고 싶어?"

남편의 질문에 처음 연애할 때처럼 가슴이 두근거렸던 날.

첫 책을 출간하고

엄마랑 언니랑 수빈이랑 출간 파티를 하고 사진도 찍고 축하를 받아 뿌듯했던 날.

팔공산 새벽 해독 트래킹을 하고 가산 바위에서 바디프로필 촬영을 했다.

내 모든 세포가 다시 살아남을 느꼈던 날.

따뜻한 욕조 물에 내 몸을 담갔을 때

온몸의 피로가 풀리던 날.

내 옆에서 잠자고 있는 남편의 숨소리를 들으며 평온했던 날.

정성스럽게 차린 밥상에 둘러앉아 맛있게 밥을 먹는 우리 가족을 보며 감사하던 날.

이 모든 순간이 글쓰기였다.

나에게 글쓰기는

나의 삶을 기록하는 시나리오이자, 한 편의 영화다.

내 삶은 걸작품이다.

16

이숙현

그리고는 이렇게 나를 바라본다

이것은 슬픔에 관한 이야기다.

'맞은 놈은 펴고 자고 때린 놈은 오므리고 잔다.'는 속담은 적어도 '말'에 있어서는 진실이 아닌 듯하다.

비수가 되는 말을 한 사람은 '내가 언제 그랬지?'라며 기억조차 못하지만 마음에 비수가 꽂힌 사람은 상처가 된 말과 그 말을 한 사람을 잊기 힘든 경우가 많다.

나의 삶 가운데 여러 가지 상처가 되는 말을 들었을 테지만 기억을 쉽게 잊는 편이다. 하지만, 이 말은 잊지 못한다.

"아우가 누나보다 나아요."

초등학교(내가 어렸을 때에는 '국민학교'였다) 5학년 때 아파트로 이사를 한 후 집들이 온 사람들 앞에서 아버지가 무심코 한 말이다. 나에게는 슬픔인지 분노인지 서러움인지 알 수 없는 상처의 말이었다. 아무렇지 않은 듯 손님들과 다른 가족들은 즐겁고 화기애애했던 순간이 또

렷하게 기억난다.

나를 추스르고 지킬 수 있는 것은 나 자신뿐이라는 것을 절대 진리 삼아 뼛속에 새기는 시간들이 계속되었다. 가족은 좋을 때도 싫을 때도 벗어나고 싶을 때도 있다. 상처로부터 벗어나고 싶어 저만큼 달려 나가도 다시 제자리로 돌아오게 되고 성인이 되어도 달라지는 것은 없었다. 가족에게 인정받고 싶은 마음과 가족 한 사람 한 사람에게 어느새 공감하게 되는, 장점인지 단점인지 모를 타고난 기질은 나를 옭아매는 사슬이 되었다.

내 아이가 그때의 내 나이가 되어서야 독립하지 못한 어른인 나를 발견했다.

이것은 휴식에 관한 이야기다.

몸은 고달프지만, 끊을 수 없는 캠핑이 주는 선물이 있다. 새들의 지저귐을 들으며 아침을 맞이한다. 기지개를 켜면 내 몸 안으로 들어오는 공기가 청량하다. 파란 하늘을 벗 삼아 막힘없이 흐르는 구름을 바라보기만 해도 마음이 풍요롭다.

타타탁. 이글거리는 불을 보고 있으면 아무런 생각이 나지 않고 오직 그 시간에 집중하게 된다. 문득 바라본 밤하늘에 쏟아지는 별들은 경외감을 불러온다.

애쓰고, 바쁘고, 일하며 시간 속에 묻혀 살던 '나'였다.

백미정 작가님의 '우리가 쓰는 글에 아무도 관심이 없어요.'라는 말에 무모한 용기가 생겨 여기까지 왔다. 맨얼굴의 나를 만날 수 있었던 것은 글쓰기 덕분이었다.

감정이, 생각이 글자가 되었다. 그러고는 이렇게 나를 바라본다.

더 새로워질 나의 모습에 다가올 미래의 시간들이 기대된다.

이제 시작이다.

17

윤향옥

나는 나를 가꾸는 정원사

"니 얼굴은 왜 그렇게 부어있는데? 잘 관리하고 있는 거 맞아?"

친구가 뼈 때리는 소리를 할 때, 침묵의 힘으로 참았던 날.

"나는 잘하고 있는 걸까?"

가끔씩 나에게 겁을 주는 내면의 목소리가 들리는 날.

"아, 그렇구나!"

매일 아침 5시 30분, 독서 모임을 통해 생각이 확장되어 가고 있는 나날들.

"아, 행복해."

바이크 운동 후, 몸과 마음이 활짝 열리는 것 같은 나날들.

"맛있게 먹겠습니다."

사랑하는 가족들에게 맛있는 아침상을 차려줄 수 있는 나날들.

"신난다!"

가족들과 오랜만에 떠나는 여행.

평범한 모든 순간이 글로 재탄생되면 내 인생은 기적이 된다.

나에게 글쓰기란,

나의 삶을 아름답게 다듬어 주는 정원사가 되는 행위다.

18

장윤진

계절 글쓰기

봄을 재촉하는 비가 촉촉하게 내리던 아침,
어디론가 훌쩍 떠났다.
통유리로 된 창문 너머로 내리는 빗소리와
창 너머 세상이 온통 빗방울에 젖어 있는
모습에 푹 빠져있던 날.
예쁜 새싹들이 파릇파릇
세상을 향해 눈을 내미는
그 순간 모습들을 눈에서 뗄 수 없던 그날.

강렬한 태양을 머금고
푸르고 무성했던 여름을 이기고
푸른 잎이 노오랗게 물든
은행잎 단풍나무를 볼 때면

계절이 주는 멋진 옷을 입은
은행나무를 볼 때면
내 손에 종이와 펜이 쥐어져 있었다.

겨울나무의 앙상한 외로움도,
다시 올 봄에 대한 기대감도,
나에겐 글쓰기였다.

글쓰기란
자연이 주는 위대함이다.
최고의 아름다움을 눈으로 마음으로
모두 담을 수 없을 만큼 가슴 벅찰 때
글이라는 카메라로 영원히 남기고 싶다.

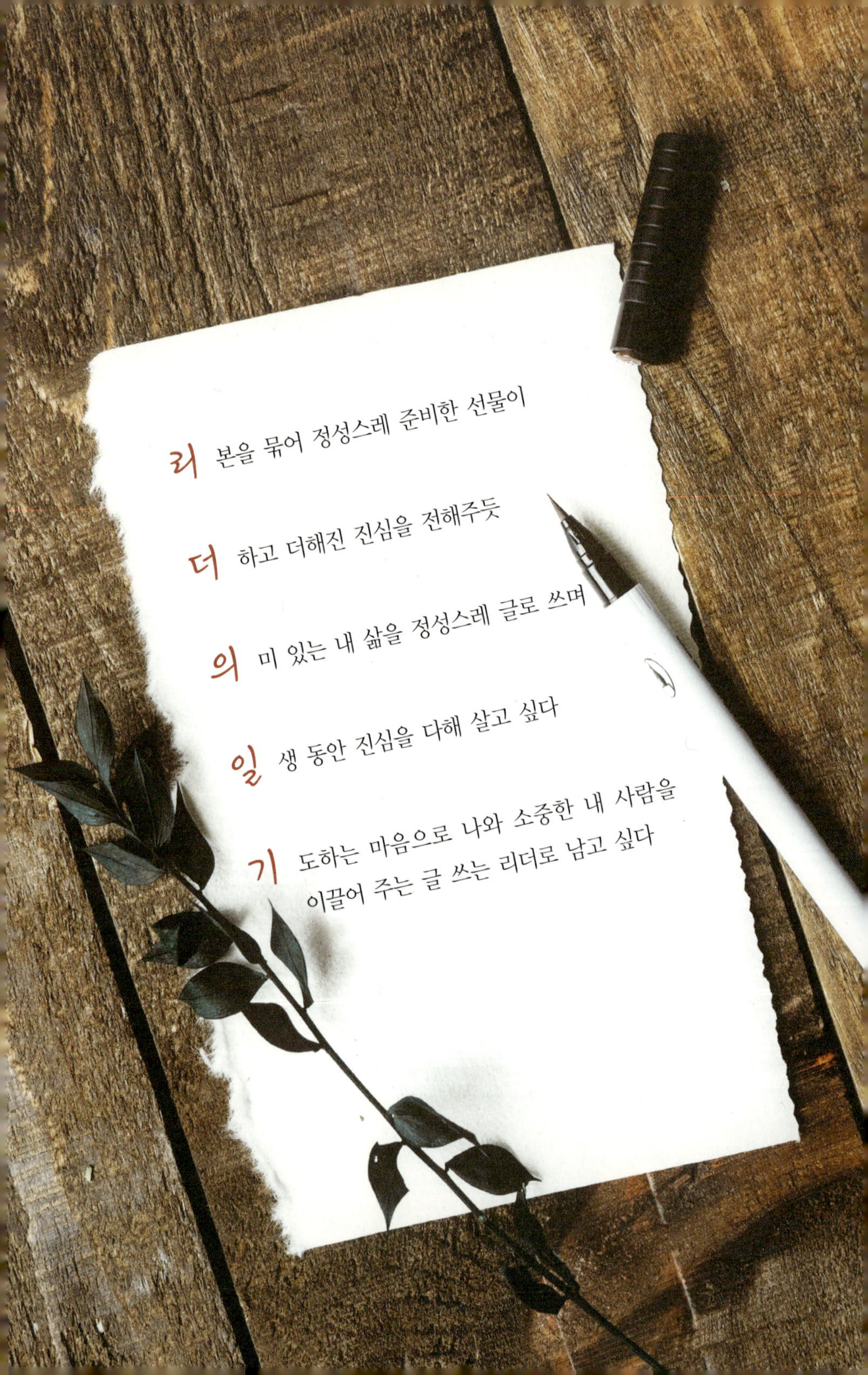
리 본을 묶어 정성스레 준비한 선물이
더 하고 더해진 진심을 전해주듯
의 미 있는 내 삶을 정성스레 글로 쓰며
일 생 동안 진심을 다해 살고 싶다
기 도하는 마음으로 나와 소중한 내 사람을
이끌어 주는 글 쓰는 리더로 남고 싶다